Illisibilité partielle

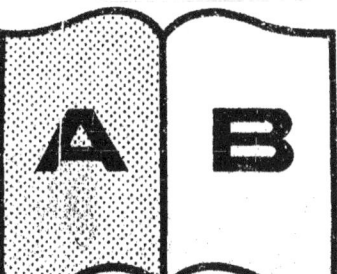

Contraste insuffisant
NF Z 43-120-14

Valable pour tout ou partie
du document reproduit

Couverture inférieure manquante

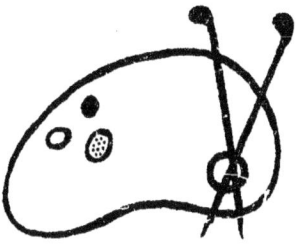

Original en couleur
NF Z 43-120-8

NOTICE BIOGRAPHIQUE

SUR

CHARLES-ISIDORE BLANCHE

CONSUL DE FRANCE A TRIPOLI (SYRIE)

PAR

M. Max. QUANTIN
CHEVALIER DE LA LÉGION D'HONNEUR,
ANCIEN ARCHIVISTE DE L'YONNE,
VICE-PRÉSIDENT HONORAIRE DE LA SOCIÉTÉ DES SCIENCES DE L'YONNE.

AUXERRE
IMPRIMERIE ET LITHOGRAPHIE DE L. BONSANT
1889

NOTICE BIOGRAPHIQUE SUR CHARLES-ISIDORE BLANCHE

Extrait du *Bulletin de la Société des Sciences historiques et naturelles de l'Yonne*, 1ᵉʳ semestre 1889.

NOTICE BIOGRAPHIQUE

SUR

CHARLES-ISIDORE BLANCHE

CONSUL DE FRANCE A TRIPOLI (SYRIE)

PAR

M. Max. QUANTIN

CHEVALIER DE LA LÉGION D'HONNEUR,
ANCIEN ARCHIVISTE DU DÉPARTEMENT DE L'YONNE.

AUXERRE

IMPRIMERIE ET LITHOGRAPHIE DE L. BONSANT

1889

NOTICE BIOGRAPHIQUE

SUR

CHARLES-ISIDORE BLANCHE

CONSUL DE FRANCE A TRIPOLI (SYRIE).

Messieurs (1),

La question d'Orient vient souvent agiter les chancelleries d'Europe, et la France en particulier prend une grande part aux affaires qui s'y passent et notamment en Syrie. C'est que la protection des chrétiens de ce pays est un legs traditionnel de la vieille monarchie; un reste de notre puissance au temps des Croisades, que nous ne pouvons abandonner, pas plus dans l'intérêt de notre politique que dans l'intérêt religieux.

Nos consuls en Syrie ont donc pour mission de « protéger les chrétiens », et les gouvernements qui se succèdent en France continuent les mêmes errements, et quelque esprit religieux qui les anime, ils sont d'accord là-dessus en Orient.

La biographie d'un de ces consuls, que nous présentons aujourd'hui à notre Société, est, en même temps, la justification de ces réflexions et l'histoire d'un homme qui y a consacré sa vie au service de la France et de l'Eglise.

I.

Blanche (Charles-Isidore) est né à Saint-Bris, près Auxerre (Yonne) le 5 mars 1823, dans une condition modeste. Il était doué

(1) Lu dans la séance de la Société des sciences de l'Yonne du 4 février 1889.

d'une belle intelligence mise au service d'une volonté énergique. Ces qualités étaient propres à le faire réussir dans la carrière qu'il embrasserait ; on le verra dans le cours de ce récit.

Il suivit en bas âge son père qui vint s'établir à Auxerre pour faire le commerce, et fréquenta les cours de l'école mutuelle de la ville dirigée par un homme intelligent qui découvrit bien vite les aptitudes de son jeune élève pour l'étude. Il les cultiva tout particulièrement et Blanche posséda bientôt toutes les matières de l'instruction primaire. Nous nous rappelons encore sa physionomie, vers 1836, dans les examens de l'école : c'était un gros et solide garçon, large d'épaules, portant bien sa blouse plissée et serrée à la taille, le visage large, aux yeux noirs et pénétrants, au front haut qui devait s'agrandir encore, car il fut chauve de bonne heure.

A dix-sept ans, il obtint une bourse à l'école d'agriculture de Grignon, où il semblait devoir acquérir une instruction propre à lui ouvrir une carrière. Entré à l'Ecole le 1er décembre 1840, il justifia l'intérêt du département par son travail dans toutes les facultés.

Ses notes portent toujours la mention : bien, très bien. Enfin il fut un des plus forts élèves de sa section. C'est à Grignon qu'il prit le goût de la botanique qu'il conserva toujours. Chaque dimanche, il partait avec un camarade et ils allaient rejoindre M. de Jussieu qui parcourait avec ses élèves les bois de Meudon ou de Versailles. Faire dix ou douze lieues à pied ne l'embarrassait guère en ce temps-là, et il conserva toute sa vie un souvenir enthousiaste de ses belles excursions botaniques, avec la plus grande vénération pour son professeur (1).

Le souvenir de son séjour à Grignon lui fut toujours cher ; quarante ans après il m'écrivait encore : « J'ai passé à Grignon trois années si heureuses, si complètement dénuées de nuages et de soucis (2) ».

En sortant de Grignon, Blanche adressa ses offres de services au préfet de l'Yonne en l'informant qu'il était diplômé. Il reconnaissait ainsi la libéralité du conseil général ; mais l'agriculture offrait alors peu de débouchés aux élèves des écoles spéciales ; la lettre resta sans réponse (3).

---

(1) Adrien de Jussieu, professeur de botanique à la faculté de médecine de Paris, mort en 1853.

(2) Lettre de Tripoli, le 3 janvier 1883.

(3) Lettre du 3 octobre 1843. — « Je me mets à votre disposition, et j'attendrai avant de porter mes vues sur une autre direction que ce soit, que

C'est alors que ses parents envoyèrent Blanche à Paris, sur le conseil de M. Asselin, son ancien maître, et celui des personnes qui avaient remarqué ses aptitudes et son énergie au travail. Il devait tâcher d'obtenir son brevet de bachelier pour arriver ensuite plus facilement à une position. Le régime de vie de notre futur bachelier nous rappelle celui de Jacques Amyot, pauvre écolier comme lui, à qui sa mère envoyait chaque semaine un pain par le coche de Melun. Il en était de même pour la mère de Blanche qui lui envoyait des provisions par le coche d'Auxerre. Je le vois encore, logé au sixième étage, rue Saint-Victor, dans une petite mansarde d'hôtel garni. Là, au milieu de ses livres, sans professeur, n'ayant d'autre guide qu'un répétiteur de lycée qu'il avait connu à Auxerre et qui venait de temps en temps lui donner quelques conseils, il piocha seul l'histoire et surtout les langues latine et grecque dont il n'avait aucune notion auparavant. Il avait retrouvé aussi à Paris un ami d'enfance de la rue du Pont, d'Auxerre — et qui le sera toute sa vie — M. Eugène Ravin, notre collègue, qui travaillait de son côté pour se faire recevoir pharmacien. Quelles bonnes soirées ils passaient ensemble dans la chambrette de la rue Saint-Victor ! M. Ravin en parle encore avec émotion.

Après un an d'un labeur sans relâche, Blanche conquit son diplôme de bachelier ès lettres. Ce succès l'encouragea à continuer ses études pour le baccalauréat ès sciences. Il suivit alors les cours publics de la Sorbonne et du Collège de France. Son bagage scientifique de Grignon lui facilita, dans cette circonstance, le moyen de subir avec succès les examens du baccalauréat ès sciences au mois de septembre 1845, avec les félicitations des examinateurs.

Mais quelle somme de travail ces deux grades acquis supposent-ils dans les conditions où était Blanche ! Pendant deux ans, grâce à sa volonté et à son énergique et solide constitution, il put se livrer jour et nuit, dans sa mansarde à peine éclairée, maigrement nourri, car sa pension était modeste, à des études variées et difficiles et lesquelles, au moins pour une partie, lui étaient complètement étrangères. Cette première difficulté vaincue, Blanche remplit pendant quelque temps les fonctions de préparateur au cours de M. Jamin, professeur de physique au lycée Bourbon. C'est dans cette circonstance qu'il trouva sa voie définitive.

---

vous ayez bien voulu me faire connaître votre décision (Archives de l'Yonne, Élèves de Grignon.) — Il avait été exempté du service militaire par son numéro.

M. Bourée, nommé consul de France à Beyrouth, en Syrie, cherchait alors un jeune homme qui, ayant ses grades de bachelier, voudrait le suivre pour être précepteur de son fils aîné (1). On lui présenta Blanche qui accueillit la proposition de M. Bourée avec empressement et s'embarqua en 1846 pour l'Orient, où la Providence semblait le conduire par la main et où il devait vivre et mourir.

II.

Beyrouth est une grande ville sur la Méditerranée; on y compte 120,000 âmes dont 20,000 européens qui lui donnent aujourd'hui la physionomie d'une ville d'Occident (2).

La mission des consuls de France en Syrie et particulièrement de celui de Beyrouth était très importante. Ils devaient surtout, comme nous l'avons dit, défendre les Maronites chrétiens catholiques contre les agressions des Druses, autre peuple de la Montagne, qui sont payens, et même contre les Turcs, leurs maîtres. M. Bourée occupait donc dans le pays une position considérable. C'est dans ce milieu tout nouveau pour lui que Blanche apprit à connaître le monde et la bonne société, tout en cultivant l'intelligence de son jeune élève. La confiance de M. et de Mme Bourée envers lui fut justifiée par son dévouement inspiré de son caractère loyal. En reconnaissance, il s'attacha entièrement à eux et pour toujours; il devint comme de la famille et passa chez eux cinq années très heureux, étudiant entre temps les langues arabe, turque, anglaise, grecque et italienne, toutes nécessaires dans ce pays de populations si diverses. Il faisait aussi de longues courses dans le Liban, où l'on résidait pendant l'été pour fuir les grandes chaleurs de la côte. Il mit à profit son séjour fréquent dans la Montagne pour y récolter les plantes si intéressantes de la flore de Syrie, dont son herbier présente un beau spécimen (3) et qu'il a fait partager au musée et à son ami

(1) M. Albert Bourée, aujourd'hui ministre de France à Bruxelles.
(2) Dans l'espace de peu d'années, dit Mgr Mislin (*Les Saints Lieux, Pèlerinage à Jérusalem*, 3º édit., 1876, t. 1er.), cette ville s'est transformée complètement : de ville orientale qu'elle était elle est devenue une ville européenne, en conservant dans les anciens quartiers des restes de son état primitif. Au delà de ses vieilles murailles, vers l'est, il s'est élevé une nouvelle ville, qui, par ses édifices privés et publics, par son activité, son commerce, ses mœurs, les langues qu'on y parle, fait croire au voyageur qu'il se trouve en Europe. On y voit des maisons à plusieurs étages, des rues alignées, on y bâtit des collèges, des couvents, des églises.
(3) M. Blanche a légué en mourant son bel herbier de Syrie à l'Ecole de

M. Ravin. Il entra alors en relation avec plusieurs botanistes, entre autres avec le savant M. Boissier, de Genève, auquel il fournit quelques espèces de plantes nouvelles pour sa *Flore de Syrie*, et qui devint son ami jusqu'à sa mort, il y a trois ans.

C'est dans une de ses excursions ordinaires que Blanche, s'étant égaré dans la Montagne, fit pour la première fois connaissance des Pères Jésuites qui sont grandement installés à Beyrouth et qui ont dans la Montagne, à Ghazir, à cinq heures de Beyrouth, une maison de campagne où était autrefois leur collège. Il a raconté bien des fois cette rencontre qui l'impressionna vivement.

« Aller demander l'hospitalité aux Pères, jamais ! » — Cependant la faim le pressait et il avait un bon appétit. Il tombait de chaleur et il se décida à frapper à la porte du couvent. Il y fut reçu par deux ou trois bons vieux prêtres qui vivaient là en retraite et qui l'accueillirent gracieusement, et lui servirent un bon déjeuner assaisonné d'un excellent petit vin blanc. Cet accueil dissipa bien vite les préventions de sa première éducation.

La correspondance de M. Blanche avec nous pendant les années 1847 à 1850 est déjà pleine d'intérêt (1). Pour répondre à nos recommandations de recueillir des antiquités pour notre Société, dont il fut alors (1849) nommé correspondant, il nous envoya des antiquités de Chypre, des échantillons géologiques du Liban et un herbier « soigné », disait-il, des plantes des environs de Beyrouth, car déjà « la botanique est son délicieux passe-temps (2). » Mais, dit-il, depuis deux ans, les études historiques l'ont beaucoup occupé. S'il parvenait à bien lire l'arabe, il se jetterait à corps perdu dans l'étude de l'antiquité. Il a une assez bonne collection des anciens historiens. La lecture de ces écrivains, où il est question des mœurs primitives des tribus du désert n'a pas moins de charme pour lui que n'en aura jamais l'histoire naturelle. Son voyage à Balbeck, que nous allons raconter, le décide encore plus que jamais à étudier l'histoire (3).

Médecine des Pères Jésuites de Beyrouth. — Par une coïncidence singulière la Bibliothèque du vénérable docteur Paradis d'Auxerre, a été donnée aux mêmes Pères, et elle forme un bon fonds de leurs collections d'ouvrages scientifiques.

(1) Ma correspondance avec M. Blanche a duré jusqu'à sa mort ; et je possède plus de soixante lettres de lui qui m'ont beaucoup servi a composer la présente notice. Elles seront déposées à la bibliothèque de la Société.

(2) Voir à l'Appendice n° 1.

(3) Lettre du 16 octobre 1849, à Beyrouth.

Dans ces ruines, dit-il, où l'on trouve au moins autant à réfléchir qu'à admirer, il s'abandonne à ses impressions enthousiastes et s'écrie :

« J'étais habitué à admirer les anciens dans les récits des historiens ; c'était une admiration de collégien. Ici, je les avais pour ainsi dire sous les yeux ; je les voyais dans leurs œuvres, possédés de leur merveilleux génie, exécutant des travaux qui, aujourd'hui encore, étonnent notre science. Je cherchais à me les représenter transportant et élevant sur des murs ces immenses blocs que toutes nos machines réunies ne parviendraient peut-être même pas à ébranler. Les carrières d'Héliopolis sont encore là, à un quart de lieue du temple. On y voit encore des pierres à moitié taillées dans le roc, d'autres détachées entièrement. Ce sont comme des témoins vivants des prodigieux efforts qu'il a fallu faire pour construire le grand temple. Il est peu de spectacle au monde qui fasse autant travailler l'imagination et qui la satisfasse aussi peu. Tout est problème à Balbeck : époque de la construction, état de la ville, cause de la puissance de la ville, moyens mécaniques employés dans le transport des pierres, etc., etc. Comment une ville riche et puissante comme a dû l'être Balbeck a-t-elle pu passer inaperçue dans l'histoire, à tel point qu'il n'en est pas même fait mention dans aucun des historiens anciens ? »

L'année suivante (1850) Blanche fit un voyage à Jérusalem et aux autres Lieux-Saints qui l'intéressa beaucoup ; puis M. Bourée ayant été nommé consul général à Tanger, il accompagna Mme Bourée et ses enfants restés à Beyrouth et rejoignit M. Bourée à Alger. Puis il passa quelque temps à Paris. Blanche ayant terminé la première éducation du fils de M. Bourée, celui-ci voulant lui assurer un avenir lui offrit plusieurs positions : Blanche choisit la plus modeste et qui n'exigeait pas un esprit d'intrigue hors de son caractère, c'était l'office d'agent consulaire à Saïda, l'ancienne Sidon, port situé à quelque distance de Beyrouth, où il fut nommé au mois de juin 1852. Ce qu'on ignore généralement, c'est que la France possède à Saïda un vaste caravansérail, reste de ses domaines du temps des croisades. « C'est, dit Mgr Mislin, un immense bâtiment carré à plusieurs étages, qui était autrefois le centre du commerce français en Syrie et qui renferme aujourd'hui un couvent, une église, une école, des colonies de Francs venus de toutes les parties de l'Europe, une vaste cour, des jardins, des galeries, des écuries, une fontaine, un bazar, presqu'une ville. On y rencontre des hommes de toutes les couleurs ; on y entend toutes les langues (1) ». Les Franciscains de Terre-Sainte occupent une partie de cet édifice et y reçoivent les pèlerins.

La France a donc à Saïda un agent qui régit le khan et est payé sur les revenus de l'établissement dans lequel logent les voyageurs, les chameliers, leurs bêtes et le reste. La situation n'était pas brillante. Aussi, nous disait Blanche, « je me suis mis en pension chez de braves Turcs ; je mange avec eux sur la natte ; armé de son couteau, on découpe la viande saisie avec les doigts et l'on recueille la sauce dans son assiette avec de minces tranches de pain servant de cuillères ! » Heureusement qu'il trouva à Saïda, dans le poste, le docteur Gaillardot, avec lequel il se livra avec ardeur aux recherches botaniques.

M. Bourée ne le laissa pas longtemps à Saïda. Le poste consulaire de Tripoli étant devenu vacant, il le recommanda chaudement au ministère et, sur la proposition du consul général de Beyrouth, M. de Lesparda, M. Blanche fut nommé, par décision ministérielle du 24 novembre 1853, vice-consul à Tripoli, avec 3,000 francs d'appointements et les droits de chancellerie. M. Blanche avait trente ans, dans la plénitude de la force et de l'intelligence, riche déjà d'études et d'observations sur la Syrie en général et la ville qu'il allait habiter.

Tripoli, Taraboulous en arabe, est le port du Liban septentrional qui sert de débouchés à la plaine d'Homs à Tortose. Son nom, formé de deux mots grecs, signifiait qu'à l'époque phénicienne elle était composée de trois villes ; aujourd'hui elle ne se compose plus que de deux parties distinctes : le château de Sandgil, autrement Saint-Gilles, ancien séjour des comtes croisés de Tripoli, qui se dresse au-dessus de la sinueuse et verdoyante vallée du Nahr-Kadicha et la ville haute, le Mont-Pèlerin des croisés, qui occupe, sur la rive gauche du torrent, la terrasse la plus avancée des contreforts du Liban ; la deuxième partie appelée la Marine ou El-Mina, bâtie à trois kilomètres au nord-ouest, sur une étroite péninsule (2). On y compte en tout une population de 24,000 âmes.

On ne connaît pas exactement l'emplacement de la troisième ville.

Tripoli, autrefois le comptoir commun des villes de Tyr, de Sidon et d'Arad, est aujourd'hui une place de trafic des blés d'Homs et de Hamah et fabrique des savons expédiés au loin. Les

---

(1) Mgr Mislin, *Les Saints-Lieux, Pèlerinage à Jérusalem*, 3ᵉ édition, t. I, p. 615.

(2) Elisée Reclus, *Nouvelle Géographie Universelle*, t. IX, p. 776.

oranges, les citrons, la soie et les olives sont les produits du pays. La pêche des éponges y est très abondante. La situation de Tripoli à proximité des bourgs maronites d'Ehden et de Becharreh et du plateau des Cèdres, augmente aussi le mouvement des voyageurs étrangers (1).

M. Blanche trouva donc en arrivant une situation assez importante, quoique la ville ne fût pas alors ce qu'elle est devenue depuis. Il étudia d'abord son nouveau service qui était plus sérieux qu'à Saïda, et qui était difficile à cause de l'antagonisme des populations chrétienne et musulmane de la contrée. Il noua des relations avec les Maronites nos amis (2) et particulièrement avec ceux des habitants de Tripoli qui sont placés sous le patronage de la France et étaient au nombre d'une centaine de familles.

Parmi les chefs maronites de la Montagne qu'il distingua bientôt fut le jeune scheik d'Ehden, Joseph Karam, qui devint son ami et était appelé à jouer un rôle dans les événements dont la Syrie était menacée.

La guerre de Crimée (1854) avait donné à la France, défenseur chevaleresque de la Turquie, une prépondérance sans conteste dans l'empire ottoman, et par suite les chrétiens de Syrie se virent relevés des humiliations auxquelles ils avaient été souvent exposés jusqu'alors, telles que de porter le turban noir, de céder toujours le pas au dernier des musulmans et mille autres petites avanies. M. Blanche sut bien profiter de cette nouvelle situation pour augmenter l'influence de la France et rendre sa protection efficace.

---

(1) Elisée Reclus, *Nouvelle Géographie universelle*, t. IX, p. 776.

(2) Les Maronites sont un peuple chrétien habitant le Liban, qui ont reçu leur nom de celui de saint Maron, archimandrite en Syrie vers l'an 410, et qui les convertit au christianisme. Ils habitent en corps de nation les versants occidental et oriental du Liban entre le Nahr-el-Barid ou « Rivière froide » qui s'épanche des contre-forts du Liban et le Carmel au sud de Beyrouth.

Les Maronites embrassèrent la cause des croisés et devinrent de zélés catholiques. Depuis cette époque ils ont été l'objet d'une protection efficace et continuelle de la part des nations catholiques de l'occident, et surtout de la France. Ils montrent encore avec orgueil deux Lettres-patentes de Louis XIV et de Louis XV qui leur promettent l'appui constant de la France. Les événements de ces dernières années ont modifié la situation politique de la France, qui n'en exerce pas moins une grande action dans le Liban.

Elisée Reclus compte un total de 200 milles Maronites au Liban.

(Voir Elisée Reclus, *Nouvelle Géographie générale*, t. IX, p. 754.)

En 1859, M. Blanche fut chargé de la direction du bureau de la Compagnie des paquebots des Messageries nationales. Ce service, qui l'amenait souvent à la Marine, avait augmenté ses revenus et lui permit de mettre sa maison sur un plus grand pied. La vie était joyeuse alors à Tripoli. Les bâtiments de guerre visitaient constamment la côte de Syrie et l'état-major descendait à terre. Aussi il y avait souvent visites officielles aux autorités turques, en grand uniforme, promenades à cheval aux environs de la ville, déjeuners au consulat. Par ce mouvement et cet apparat on maintenait le prestige de la France. M. Blanche, jeune, aimable, sympathique, avait de nombreux amis dans la marine, et plus d'un jeune officier de ce temps-là devenu amiral n'avait pas pour cela cessé ses relations avec lui (1).

Dans les Messageries, c'était bien autre chose. L'hospitalité de M. Blanche était renommée, et sa maison était le rendez-vous naturel et obligé non seulement de tous les commandants et officiers des paquebots qui apportaient des provisions rares de France, mais encore de tous les voyageurs qui passaient à Tripoli (2).

C'étaient, du reste, les seules distractions possibles et les seules occasions de voir des compatriotes dans ce pays où il y avait à peine deux ou trois familles françaises et levantines (3).

Mais, à défaut de société française, M. Blanche, qui parlait très bien l'arabe, avait su se faire de nombreux amis parmi les indigènes chrétiens ou musulmans, maronites et grecs.

La vie au consulat était d'ailleurs fort active. Il fallait surveiller

(1) Nous citerons, d'après sa correspondance, les amiraux de la Grandière, Giquel des Touches et Simon.

(2) Vingt ans après, il en était encore de même. M. Lortat, doyen de la faculté de Lyon, dans la rédaction de son voyage intitulé *La Syrie d'aujourd'hui* (*Le Tour du monde* de 1882, 2ᵉ semestre, p. 172, 2ᵉ col.), dit, en parlant de M. Blanche : Grâce à l'obligeance extrême de M. Blanche, consul de France à Tripoli, naturaliste des plus distingués et providence des voyageurs français dans cette partie de la Syrie, j'ai pu me procurer quelques-uns de ces poissons argentés que les arabes regardent comme des animaux sacrés, et que les dévôts du pays nourrissent avec la plus grande sollicitude.

Et encore, auparavant, dans le voyage de M. Léon Cahun (chez les Ansariés), chargé d'une mission chez les populations païennes de la Syrie, *Tour du monde* de 1878, t. 38, p. 370 : « Après avoir franchi le Nahr-el-Kelb, « nous campons à Djouni, le 8 octobre, et le 9 à Tripoli, où notre excel- « lent consul, M. Blanche, m'a fait le plus cordial accueil. »

(3) Il y eut encore, il est vrai, depuis 1864 des sœurs du glorieux ordre de Saint-Vincent-de-Paul que M. Blanche protégeait avec le plus grand

les agissements de l'autorité turque, devenue très hostile à l'élément chrétien, et se tenir au courant de tous les mouvements de ce pays sourdement agité.

La bienveillance extrême de M. Blanche lui avait créé dans le district de Tripoli, dans tout le Liban du nord et bien au-delà, une foule d'agents officieux qui le renseignaient très exactement sur les moindres événements. Aussi personne ne connaissait mieux que lui l'esprit de ce pays, et n'était en mesure de fournir des rapports aussi utiles et aussi intéressants au consul général de Beyrouth.

Il en donna une preuve en publiant dans la *Revue européenne* de 1860 (1) une étude sur un fameux scheik Ansarié nommé Ismaël Kair Beik, *mudir* du district de Safita et relevant du kaïmakan de Tripoli, qui remplissait alors le Liban du nord du bruit de ses exploits de bandit et de ses rapines, et qui périt en 1859 par la trahison d'un de ses parents, à l'instigation du gouverneur turc.

M. Blanche montre dans ce morceau une sûre connaissance du pays et sait peindre avec bonheur les mœurs et le caractère de ces chefs sauvages des montagnes du Liban, dont quelques-uns unissent à une violence terrible le caractère le plus chevaleresque.

Ses fonctions de directeur du bureau des Messageries maritimes lui permirent alors de s'intéresser aux besoins des Pères Carmelitains de Tripoli et d'Alexandrette, et de les recommander en France à M. le baron du Havelt (2) pour leur faire obtenir une part de franchise du fret de leurs colis venant de Marseille par les paquebots de sa compagnie, « car, dit-il, ils ne roulent pas sur l'or ». Ses relations avec Mgr Brunoni, patriarche de Jérusalem, sont aussi des plus intimes et décèlent de sa part une tendance plus prononcée du côté du clergé. Il se félicite aussi de l'arrivée du comte de Bentivoglio au consulat de Beyrouth en remplacement de M. de Lesseps (3).

---

intérêt, mais elles étaient fort occupées à leur école arabe et française, à leur hôpital et à leur dispensaire où elles soignent les malades de toutes les religions, les femmes musulmanes surtout. Et comme celles-ci ne font jamais venir de médecin chez elles quand elles sont malades, elles profitent du dispensaire pour se faire soigner. Bien entendu qu'elles sont enveloppées de la tête aux pieds, et que le médecin ne leur voit pas la figure. (Lettre du 24 juin 1864 de M. Blanche.)

(1) Revue Européenne, *Notice sur le Scheik Ansarié Ismaïl-Kair-Beck*, 1860, t. XII, p. 384 et suiv., 37 pp.

(2-3) Lettre du 10 avril 1859. — Le Baron du Havelt, propriétaire du château des Barres à Sainpuis, notre confrère de la Société des Sciences, s'occupait beaucoup des chrétiens d'Orient auprès du ministère, à Paris et ailleurs.

A la fin de cette année (1859), M. Blanche vint en France pour voir son père bien malade et qui mourut peu de temps après son arrivée. Il avait perdu sa mère à son premier voyage de retour de Syrie, en 1852.

C'est peu de mois après, en avril 1860, qu'il se maria à Paris avec Mlle Delphine Landois, originaire de Nantes, dont la distinction et les qualités de cœur le rendirent bien heureux, mais hélas pour peu de temps ! A son retour, il s'arrêta avec elle à Athènes pour rendre visite à la famille Bourée dont le chef y était alors ministre de France. Les jeunes époux en furent reçus à bras ouverts et passèrent un mois avec elle. Mais soudain une affreuse nouvelle vint les surprendre. Les musulmans fanatiques, poussés par Kurchid-Pacha, ennemi des étrangers et surtout des Français, avaient massacré les chrétiens de Damas, et la Syrie était en feu. Il fallut partir en toute hâte sur un bâtiment de guerre qui se rendait à Beyrouth (1) pour protéger le consul et les Français, et M. Blanche rentra à son poste prêt à tout événement.

Les musulmans de Tripoli, moins fanatiques et moins excités que ceux de Damas, se bornèrent à des menaces et à quelques voies de fait. Mais il n'en fut pas de même dans la Montagne ; les Druses, poussés par les autorités turques, ou, au moins, sûrs de l'impunité, se jetèrent sur les chrétiens du Liban et les massacrèrent sans résistance de la part de ceux-ci, notamment à Habeya, à Zahlé qui fut mise à sac devant les troupes turques qui avaient promis de protéger les habitants, à Badba, à Deir-el-Kamar, la capitale du pays Druse.

On a raconté dans le temps le beau rôle qu'avait rempli Abd-el-Kader, exilé à Damas, dans ces massacres des chrétiens, et comment il donna asile chez lui à de nombreux individus fuyant leurs assassins ; il sauva notamment les Lazaristes et les sœurs de Charité.

Aux premières nouvelles des événements, la flotte française amena une division de nos soldats sous le commandement du général de Beaufort d'Hautpoul pour arrêter les désastres. Mais le mal était profond et le gouverneur turc l'avait laissé s'accomplir quand il n'y avait pas excité. Ce n'était pas l'exécution de quelques centaines d'assassins et de plusieurs chefs importants qui pouvait racheter la mort de quinze mille chrétiens et les ruines d'innombrables maisons.

Dans ces circonstances, M. Blanche, qui était toujours en relations avec M. Bourée, qui s'intéressait toujours à la Syrie, lui écri-

(1) La *Zénobie*, commandée par M. de La Roncière.

vit une longue lettre (1) sur l'origine des événements dont les chrétiens de la Montagne avaient été victimes ; la réaction musulmane après la guerre de Crimée, la division des chrétiens en face de l'union des Druses, leurs ennemis ; les tentatives de Kurchid-Pacha pour exterminer les premiers, etc. Il écrivit aussi, sous un pseudonyme, plusieurs lettres indignées au journal *la Constitution* d'Auxerre (2), dont le directeur, M. Adolphe Rouillé, était son ami, et où il traça un récit fidèle de ces malheureux événements. Nous n'avons pas ici à entrer dans les détails ; il suffit de savoir que M. Blanche signalait énergiquement à ses chefs, dans ses rapports officiels, le rôle misérable des agents turcs envers les pauvres Maronites de la Montagne, soutenait son ami Joseph Karam qui, aux premières agressions des Druses, avait pris les armes. Mais la politique générale de la France était inspirée par d'autres vues et Karam, devenu gênant, fut sacrifié et exilé à Alexandrie.

A cette occasion, M. Blanche trace un portrait de Karam que nous reproduirons ici, car il donne une idée de ce peuple qu'on a appelé les Français d'Orient (3).

« C'est moi, dit-il (4), qui l'ai fait connaître et qui l'ai toujours défendu envers et contre tous depuis que je suis à Tripoli. Je lui suis assez attaché pour avoir vu avec dépit tout le mal que lui font ses faux amis. Joseph est un type intéressant. Il n'a certainement pas son pareil comme capacité dans toute la Montagne. Aussi, j'ai toujours cru et je crois encore qu'il a beaucoup d'avenir. En attendant, il *fait son keif* à Alexandrie, où il ne s'ennuie pas trop (5) ». M. Blanche n'exprimait là qu'une partie de sa pensée,

---

(1) Voyez à l'Appendice n° 2.
(2) Voyez à l'Appendice, la Bibliographie.
(3) Les Maronites des hautes classes ont une physionomie toute française que leur donne leur éducation chez les Pères Jésuites de Beyrouth, et chez les Lazaristes de Tripoli. Ils sont intelligents, ont l'esprit vif et ouvert et mettent à profit leur instruction. J'ai vu à Paris, après l'époque des massacres de Damas, un parent de Joseph Karam chez M. D..., et j'admirais avec quelle désinvolture il causait : parlant un français aussi pur que possible ; connaissant les potins de la Cour et du Ministère des affaires étrangères, enfin c'était un type amusant. Je ne pus m'empêcher de lui dire, un jour qu'il avait été étonnant : « Malgré votre tarbouche et votre costume oriental, on vous prendrait pour un Français, » — ce qui le flatta beaucoup.
(4) Lettre du 18 octobre 1862.
(5) *Faire son keif* est la plus grande jouissance des Arabes. L'Arabe qui fait son keif, s'assied sur un coussin de divan, les jambes croisées,

car il rêvait pour Karam de le voir le chef suprême reconnu des Maronites du Liban. Disons une fois pour toutes que les prévisions de M. Blanche, sur lesquelles il revient plusieurs fois dans sa correspondance, en blâmant les mesures prises par l'autorité française en 1860, ne se sont pas réalisées. Karam, qualifié de « la bête noire, » traqué par Daoud-Pacha, gouverneur de Syrie, exilé, erra longtemps dans toute l'Europe, à Constantinople, à Rome, puis à Paris, pensionné par la France, avec espoir de retour en Syrie, où ses compatriotes l'attendaient comme un messie, et au grand regret de M. Blanche qui ne le perd jamais de vue et en parle souvent dans ses lettres (1).

III.

Nous sommes arrivé à une date qui fait époque dans la vie de M. Blanche. Après un an d'un heureux mariage, sa femme lui avait donné un fils (2). Mais ce bonheur en commun ne devait pas durer longtemps. Une fièvre pernicieuse enleva en quelques jours Mme Blanche, le 22 octobre 1861. Nous partageâmes hélas ! la douleur de M. Blanche, ne nous doutant pas qu'à peu d'années de distance nous serions frappé de même dans nos affections de père. Dans son désespoir, M. Blanche demanda à Dieu et à la religion des consolations que la terre ne pouvait plus lui donner. Mais, avec son esprit positif, il voulait, pour croire aux vérités éternelles, être convaincu. « Cela lui arriva comme un coup de foudre », écrit-il dans une lettre au P. Pierre, Carmélitain, et il se mit alors à étudier avec ardeur les auteurs religieux les plus profonds, saint Thomas, entre autres, dont il suivra la doctrine. Son esprit y trouva des satisfactions précieuses et ces espérances qu'il recherchait pour se consoler de la perte qu'il avait faite. Il m'écrivait en 1862 : « J'ai découvert un peu tard que c'est une singulière folie à l'homme que de passer sa vie dans l'indifférence de sa destinée. Une chose me rassure, c'est que tant qu'on n'a pas fait soi-même la grande culbute, on est toujours à temps pour revenir de cette

---

prend son chibouck ou un narguilé et fume tranquillement pendant plusieurs heures. Il égrène pendant ce temps, machinalement son chapelet, et un serviteur lui apporte une tasse de café.

(1) Voir notamment lettre du 30 novembre 1864. — Karam s'est retiré plus tard à Naples, où il est encore exilé, selon une longue lettre de M. Blanche sur ses agissements, adressée à l'Amiral Giquel des Touches, le 14 novembre 1887. — C'est une des dernières lettres que M. Blanche ait écrites.

(2) Paul Blanche, né le 21 mai 1861.

folie... Je travaille pour le grand avenir maintenant, le grand avenir qui commence quand nous finissons. Je dis avec Socrate : « Rien ne doit coûter à l'homme pour conquérir l'immortalité. « La lutte est belle et l'espérance est grande » (1). Tel sera jusqu'à la fin de sa vie son objectif.

La correspondance de Blanche est intéressante sous bien des aspects ; je vais vous en donner un extrait où il raconte une invasion de sauterelles en Syrie (2).

« Après une épizootie communiquée par la voie d'Egypte, dans laquelle les bœufs mouraient foudroyés et dont les propriétaires laissaient leurs cadavres se décomposer au lieu où ils tombaient, au risque de donner la peste au pays, voici un autre fléau, celui des sauterelles qui fut mieux combattu, il faut le reconnaître. Dès que les sauterelles furent signalées comme menaçant d'envahir le territoire des villes de Homs (3) et de Hama, la population fut terrifiée, car c'était une famine certaine en perspective pour ces deux villes dont la seconde n'a pas moins de 60,000 âmes et la première 25,000. L'autorité se montra vigilante. Sur sa réquisition, tous les habitants valides de ces deux villes, au nombre de 30,000, se transportèrent à douze lieues de distance dans le désert, sur les points signalés, et là firent une guerre acharnée au terrible ennemi. Ils se répartirent en divers campements, les riches nourrissant les pauvres et organisant un système de communications régulières avec leurs villes pour en amener des vivres. Tout ce monde se mit à l'œuvre aussitôt. Les sauterelles sont de la taille d'un gros doigt. Elles ont des ailes assez puissantes pour se soutenir à plusieurs mètres de hauteur et parcourir des espaces de cent à deux cents mètres à la fois. Elles voyagent ainsi en troupes compactes, présentant un front qui a souvent quelques kilomètres de longueur et plusieurs centaines de mètres de largeur. Lorsqu'on est au milieu d'une de ces bandes en voyage, on se trouve comme dans un nuage qui obscurcit littéralement le soleil. Et toutes ces bêtes vous fouettent la figure et le corps comme de véritables grêlons. Elles dépouillent la terre partout où elles passent avec une prestesse merveilleuse. C'est comme un rasoir passant à la surface du sol. Elles dévorent tout ce qui est

---

(1) Lettre du 20 juin 1862.
(2) Lettre du 23 juin 1864.
(3) Homs, l'ancienne Emesse, située dans le haut bassin de l'Oronte. — Hamah, à 46 kilomètres au nord de Homs, sur l'Oronte, connue des Hébreux il y a 4,000 ans. (Elisée Reclus, *Géographie universelle*, t. IX, p. 763, 764.)

verdure, les feuilles des arbres les plus élevés et jusqu'à leur écorce. On n'imagine rien d'effrayant comme la rapidité et l'étendue de ce ravage. En voyageant, elles déposent leurs œufs à la surface de la terre ; chaque femelle en pond au moins une centaine qui écloront à la saison suivante et continueront les pérégrinations des parents, en se laissant un peu diriger par le vent, mais je crois plutôt par leur instinct qui sait leur indiquer les lieux riches en verdure. Le souci principal des populations appelées à combattre cet ennemi est la destruction des œufs. Aussi les gens de Homs et de Hama se mirent immédiatement à les ramasser un à un sur le sol. Ils travaillèrent ainsi pendant trois semaines et recueillirent environ 1,000 hectolitres de ces œufs qui ne sont pas plus gros qu'un grain de plomb à perdrix. Ils étaient envoyés à mesure en trophée aux gouverneurs des deux villes qui les faisaient immédiatement brûler.

« Les hommes les plus vigoureux creusaient de longs fossés dans le sol et, avec des pelles, des espèces de râteaux et tout ce qui se trouvait sous la main, on y précipitait par millions et milliards les sauterelles vivantes. On les enterrait et on foulait fortement la terre aux pieds. Un puissant auxiliaire vint à leur aide au moment où ils s'y attendaient le moins. Ce sont des volées d'un oiseau que je crois être voisin de l'étourneau et que les Arabes appellent *Smarmar*. C'est le plus redoutable ennemi que les sauterelles aient dans le désert ; il les détruit avec une fureur incroyable. »

Au commencement de l'année 1866, M. Blanche fut décoré de la croix de la Légion d'honneur. Le ministre Drouyn de Lhuys, en lui envoyant son brevet, lui écrivait que c'était « pour ses honorables services et le dévouement dont il avait fait preuve pendant l'épidémie de choléra qui a sévi à Tripoli ».

Le choléra avait pendant six mois, en 1865, ravagé la Syrie et Tripoli en particulier. M. Blanche, seul de ses collègues, était resté à son poste, allant visiter les malades avec les sœurs de Charité (1) ou avec le médecin français de la Quarantaine qui lui-même tomba malade de fatigue et vint mourir chez le consul.

---

(1) Les Sœurs de Saint-Vincent-de-Paul étaient, comme on l'a vu plus haut, à Tripoli seulement depuis 1864. M. Blanche avait aidé de tout son pouvoir à leur établissement. — Une religieuse de ce glorieux ordre, d'une honorable famille de notre ville, sœur Billy, est à la tête d'un petit couvent, à Zoucq, joli village sur une croupe qui domine la mer, entre Beyrouth et Tripoli, dans la montagne, et près du collège d'Antoura qui appartient aux PP. Lazaristes de Tripoli.

A la fin d'une longue lettre du 18 décembre 1865 consacrée à la botanique et adressée à M. Ravin, M. Blanche ajoute un mot en postscriptum et comme s'il parlait d'un fait-divers, en lui annonçant tout simplement et modestement que le choléra a cessé à Tripoli. Il ne parle pas de la part qu'il a prise à combattre le fléau et raconte seulement ses terribles effets : « Il y a dix jours que nous n'avons plus de choléra. Il a fini tout à coup, comme par enchantement. Mais coquin ! comme il a travaillé dur pendant cent jours sans désemparer. Le seizième de la population y a passé l'arme à gauche ; Tripoli a été le pays le plus maltraité de la Syrie. »

La distinction éminente qui venait d'être accordée à M. Blanche après moins de seize ans de fonctions et pour son dévouement au milieu du fléau du choléra, montre quelle estime faisaient ses supérieurs de son zèle et de ses services. Ses rapports sur l'état des esprits dans le Liban étaient mieux appréciés au ministère qu'à Beyrouth ; « sans cela, disait-il, j'y passais net (1) ».

M. Blanche fait allusion ici à son rôle au sujet de Joseph Karam. Celui-ci, qui était alors rentré au Liban clandestinement et comme chef de parti, menaçait de chercher à venger ses coreligionnaires du massacre de 1860. Il fut poursuivi vivement par le gouverneur de la province, Daoud-Pacha, et M. Blanche, qui n'était pas partisan des violences, devint suspect de favoriser la rébellion (2). Cette situation pénible vis-à-vis du consul général de Beyrouth, qui ne partageait pas la manière de voir du consul de Tripoli sur Karam, dura plus de deux ans et ne cessa qu'à l'arrivée de M. Bourée à l'ambassade de Constantinople. Celui-ci, qui connaissait bien la Syrie, sortit de la voie fausse où le consul général s'était fourvoyé ; Karam, rentrant sous la protection française, cessa la résistance et fut envoyé en Algérie.

A propos de l'opinion qu'on avait au ministère sur M. Blanche, jetons un regard en arrière.

Déjà en 1862, dans une lettre à M. Bourée, M. Blanche lui parlant de ses désirs d'avancement lui disait que l'amiral de la Grandière, son ami, lui écrivait qu'il avait vu, à son passage à Paris, M. Thouvenel, ministre des affaires étrangères, qui s'était exprimé sur son compte en des termes tels qu'il a peine à croire que le digne amiral ne se soit pas exagéré la portée de ce qui lui fut dit : « Comme je demandais si on ne pouvait pas vous nommer

---

(1) Lettre du 28 mai 1864.
(2) Voir à l'Appendice nos 4, 5, 6, trois lettres de M. Blanche à l'amiral Simon, des 21 janvier, 27 avril et 31 août 1866, sur l'état du Liban et la révolte de Karam.

au poste de Messine, il me fut répondu, dit l'amiral, que vos services et votre caractère étaient connus, que vos notes excellentes auraient bientôt une récompense ; mais que connaissant les langues orientales et les pays turcs, il était plus naturel et mieux de vous y employer dans un poste plus élevé. »

Mais M. Blanche, très modeste, ne se berçait pas de l'espoir d'être nommé consul ; seulement il écrivait à M. Bourée, alors ministre de France à Athènes, de profiter de sa situation à Paris, afin de le faire nommer vice-consul au Pirée. (Lettre à M. Bourée du 22 avril 1862).

Il continuait, en dehors des affaires officielles, à se livrer « à ses chères études : botanique, mathématiques, philosophie. »

Dans une lettre à M. Ravin, du 1ᵉʳ février 1865, M. Blanche lui écrit : « Je me suis fait *étudiant*, non pas comme autrefois, mais homme d'étude, à fond de train, et je m'en donne avec furie. Je n'ai jamais tant étudié de ma vie ; c'est un besoin qui ne me quitte plus. Qu'est-ce que j'étudie, me demanderas-tu ? Bien des choses depuis trois ans, et surtout dans le genre abstrait et religieux. »

Et dans une autre lettre au même du 7 janvier 1869 : « De temps en temps je pousse aux mathématiques à mort. J'ai voulu prendre une idée du différentiel. Et puis je lâche cela parce qu'il faut que je philosophise et théologise. J'écris en masse. Pourquoi ? Pour enrichir mon grenier. J'ai le démon de la plume dans les doigts. Et puis je joue aux échecs. Il en résulte que les journées sont trop courtes. »

Mais arriva l'année terrible de l'invasion. « Malheureuse France ! s'écrie M. Blanche à cette nouvelle ; il ne reste donc plus qu'à tendre la gorge au couteau des Barbares. » Sa lettre à M. Ravin est remplie de gémissements ; et à distance comme il l'est, séparé de nous de toutes les manières, il ne peut comprendre comment le gouvernement provisoire n'a pas pu, en cinq mois, mettre en ligne plus de 300,000 hommes.

Après de longues et tristes réflexions, il fait un retour sur lui-même et invoque la protection divine, convaincu que la France se relèvera par le retour à la foi de ses pères.

Il venait de terminer son livre de métaphysique religieuse inspiré de saint Thomas, qu'il intitula *Le Surnaturel* (1) et dans lequel il traite des plus hautes questions de métaphysique. Cet ouvrage avait été composé pour paraître au moment du concile

---

(1) La dernière page autographe de ce livre, que je possède, est datée de *Tripoli, 25 mars 1870*.

du Vatican, et M. Blanche l'avait communiqué auparavant aux PP. Jésuites de Paris.

Après un échange de lettres assez long entre nous, il accueillit avec satisfaction notre proposition de le publier à Auxerre, et son ancien camarade, M. Adolphe Rouillé, veilla soigneusement à l'impression.

L'appréciation de cette œuvre demanderait des connaissances spéciales et un espace dont nous ne pouvons disposer ici. Il suffira de dire qu'elle fut accueillie dans l'Eglise avec intérêt. Mgr Valerga, patriarche de Jérusalem, savant théologien et métaphysicien, en venant à Tripoli donner la confirmation à son fils, en adresse ses félicitations à M. Blanche, et si le vénérable prélat n'était pas mort à la fin de l'année 1872, il lui aurait prêté un précieux appui dans l'intérêt de son livre.

Au mois de janvier 1873, M. Blanche vint encore une fois à Paris, où il n'était pas venu depuis 1860, et il chercha à faire rendre compte de son livre dans les journaux religieux. Mais il était inconnu, et malgré les encouragements de certains amis, tels que Veuillot, par exemple, qui avait apprécié son mérite par des correspondances de Syrie que M. Blanche lui avait adressées plusieurs fois, il ne put réussir à se faire connaître. Et puis, d'ailleurs, le moment n'était pas favorable aux spéculations métaphysiques! (1). Il retourna donc en Syrie au mois de mai 1873, en laissant son livre à la grâce de Dieu, et en prenant sans dépit son parti de son échec littéraire avec la philosophie chrétienne qui était le fond de son caractère.

La paix était rétablie en Syrie et laissait à M. Blanche des loisirs qu'il employait à faire l'éducation de son fils qu'il envoya à Vaugirard en rhétorique, en 1876. Celui-ci entra ensuite à l'Ecole centrale d'où il sortit pourvu du brevet d'ingénieur civil.

Un événement cruel pour nous, la mort de ma pauvre fille, Mme Mariotte, qui lui rappelait son propre malheur, inspira à M. Blanche des pensées profondes et pieuses, et la noblesse de ses sentiments éclate dans ses lettres qui sont des chefs-d'œuvre de foi, d'espérance en l'éternité et de consolations.

Son livre revint un moment sur l'eau en 1881. Il eut l'insigne honneur de le voir présenter au Saint-Père par M. Pémartin, secrétaire général de la congrégation des Lazaristes, qui l'avait lu

---

(1) A peine son livre était-il fini, que M. Blanche continua ses études de Métaphysique. Il m'annonçait, le 18 juin 1872, qu'il avait déjà un nouveau manuscrit en bon train, inspiré de saint Thomas. « C'est une vraie jouissance de faire ce travail. »

et apprécié. Le Saint-Père, connaissant déjà les services que rendait depuis longtemps M. Blanche aux missions catholiques en Syrie, profita de cette occasion pour l'honorer de la croix de Saint-Grégoire-le-Grand. D'autre part, l'*Univers* en avait rendu un compte bienveillant par la plume de M. A. Loth (23 janvier 1881). C'était une fiche d'espoir, mais voilà tout.

L'année suivante, le consul général de Beyrouth, M. Patrimonio, son ami, demanda pour M. Blanche le consulat important de Damas. M. Bert, lui-même, qui connaissait M. Blanche par son beau-frère, M. Clayton (lequel avait été reçu chez le consul à Tripoli peu de temps auparavant), appuya la proposition au ministère ; mais au milieu des compétitions, le projet échoua, et M. Blanche s'en félicita « de demeurer tranquillement ignoré dans son petit coin » qui était cependant un poste très important, et qu'il avait rendu tel lui-même par son action sur la politique locale à Tripoli et dans la Montagne (1). Et il s'attendait aussi, vu ses opinions religieuses, à « recevoir le coup de balai au lieu d'avancement. » Après trente-et-un ans de fonctions, il avait droit à sa retraite, mais ses bons et loyaux services lui méritaient cependant une récompense. On tourna la difficulté en lui donnant le titre de consul de deuxième classe. Il regarda cette nomination comme un acte de bienveillance inattendu, mais qui était dans l'esprit du ministère, lequel pratiquait en Orient une tolérance religieuse qui fait dire à M. Blanche « qu'à l'exemple de la Convention, la troisième république fait pour les intérêts religieux en Orient ce que jamais l'Empire ni la monarchie de juillet n'ont fait. » Il en cite encore, comme une autre preuve, la situation de M. Patrimonio, son consul général, qui, quoique clérical renforcé, est toujours respecté. On verra plus loin, dit M. Blanche, l'action de M. Patrimonio dans cet ordre d'idées de la politique catholique, « la seule politique française. (2) »

(1) C'est ce que proclamait déjà, en 1871, M. Raphaël Bernoville, dans un article daté de Beyrouth, publié dans l'*Union* de Paris du 7 novembre, à propos de l'action et de l'autorité de nos principaux Consuls en Orient pour faire respecter nos nationaux, tandis qu'il en blâmait d'autres, nouveaux et mal inspirés. « Il y a eu, disait-il, il y a encore de nobles exceptions. Les noms de MM. de Lesseps, Outrey, Blanche, Hecquard, et de quelques autres, rappellent aux Français du Levant le temps où, grâce à l'énergie et à l'intelligence de leurs représentants, notre drapeau dominait tous les autres en Syrie, et n'avait rien à redouter de la politique tortueuse des Turcs.
(2) Lettre du 20 novembre 1883. — M. Patrimonio est aujourd'hui ministre de France à Belgrade.

Pendant ce temps-là, il se préparait pour M. Blanche un projet pour lui faire obtenir une fonction indépendante des fluctuations de la politique et bien mieux rémunérée que son consulat. La direction de la route de Beyrouth à Damas, — cette œuvre d'ingénieurs français (1) qui relie entre elles deux villes importantes en franchissant les montagnes du Liban et de l'Anti-Liban en formant des courbes multipliées, — venant à vaquer par la démission de M. de Perthuis, notre compatriote, M. Blanche obtint de lui succéder et fut nommé directeur. Deux ans après, son fils fut attaché à la compagnie en qualité d'ingénieur, après avoir fait en France son volontariat.

Tout était donc pour le mieux. M. Blanche se sentait encore une bonne dose d'activité, malgré ses soixante ans, pour remplir ses fonctions. Et se rappelant ses souvenirs de Grignon, il s'écrie : « D'ailleurs je vais me retrouver là au milieu des chevaux, des voitures, du roulage, des cultures. Tout cela me connaît, je n'aurai pas grand peine à m'y remettre (2). » Il était installé à Beyrouth au mois d'avril 1884.

Voici encore quelques détails sur le même sujet où l'ancien consul se retrouve dans les choses de sa première jeunesse « qu'il préfère à la politique du jour » : « J'étais, dit-il, dans sa lettre du 6 janvier 1885, à Chtaura lorsque j'ai reçu la vôtre. Chtaura est une station qui partage en deux parties égales le temps du par-

---

(1) La route de Beyrouth à Damas, d'une longueur de 115 kilomètres, a été construite par une compagnie française ayant pour fondateur et directeur, M. le comte de Perthuis, ancien officier de marine, à présent propriétaire du Château de Montjalin, près d'Avallon. Les travaux ont duré quatre années, de 1859 à 1863. Les études et les travaux, d'une exécution très difficile, à travers les gorges du Liban et de l'Anti-Liban qu'elle franchit à l'altitude de 1543^m, ont été faits par un de nos compatriotes, M. Thévenin, de Champs, conducteur des ponts et chaussées, attaché en qualité d'ingénieur à la compagnie, et assisté de quelques agents européens.

M. Thévenin, qui était établi à Hamma, au milieu des scènes des massacres des Maronites par les Druses, y courut même quelques dangers et fut obligé d'abandonner avec ses gens le village qui fut aussitôt après incendié.

M. Thévenin a encore construit la route de Trébizonde à Erzéroum, assisté de M. Château, conducteur des ponts et chaussées, qui m'a fourni obligeamment les éléments de la présente note.

A la suite de ces travaux, M. Thévenin a été décoré par le gouvernement turc d'abord de la croix du Medjidié, ensuite de celle d'officier du même ordre.

(2) Lettre du 20 novembre 1883. — Le service de la route était composé de 630 chevaux ou mules, 150 chariots toujours roulants, et 5 ou 6 diligences. (Lettre à M. Ravin du 19 décembre 1884.)

cours entre Beyrouth et Damas. La Compagnie y a établi une ferme qui rappelle les fermes de la Normandie. C'est un fort bel endroit dans la Bekâ (Cœlésyrie), au pied oriental du Liban. Nous y avons un restaurant pour les voyageurs. J'ai une chambre toute spéciale avec deux lits. Il y a un large ruisseau d'eau glacée qui fertilise les terres. J'y ai introduit, l'année dernière, la culture de l'avoine qui est inconnue dans le pays. Les résultats, à la dernière moisson, ont été superbes, tandis que l'orge a été médiocre. Nous allons donner de l'avoine aux bêtes et j'espère qu'elles se trouveront bien de cette nourriture nouvelle pour elles. Nous cultivons également la luzerne en grand pour nos chevaux de diligences. C'est une introduction de M. de Perthuis.

« A côté de nous, dans la Bekâ, se trouve la ferme de Tanaïel. qui appartient aux Jésuites et est cultivée par eux-mêmes. C'est une très belle ferme, d'un fort beau rapport ; elle est au moins cinq fois grande comme la nôtre et est cultivée selon toutes les règles avec un parfait succès. »

Mais M. Blanche ne pouvait pas abandonner sans regret ses études historiques ; s'il les ajourne pour un temps, c'est avec l'espoir de les reprendre. « Je suis justement, disait-il, en train de piocher des histoires du Liban au VIIe siècle, lors de la conquête arabe. J'ai trouvé quelques vieux manuscrits arabes que je traduis avec grand intérêt. » Et il n'avait pas hésité à me donner la commission de chercher les œuvres d'Assemani, *Bibliotheca orientalis*, et celles de Lequien, *Oriens christianus*. Ces grands ouvrages sont rares ; je les trouvai à Leipsick ; mais M. Blanche différa cette acquisition et il n'en fut plus parlé. Ses occupations nouvelles étaient très grandes et l'empêchèrent entièrement de reprendre des études suivies. « Heureusement, dit-il, que les forces y suffisent, et en somme le métier me plaît (1) ».

Les Jésuites français possèdent, comme on l'a vu plus haut, à Beyrouth un établissement d'instruction de premier ordre (2) qui lutte victorieusement contre les écoles protestantes anglo-américaines. On y compte plus de 400 élèves. Ils ont en outre un séminaire, des écoles gratuites, une imprimerie et une école de médecine dont nous allons parler plus loin. Il s'agissait, pour les hommes qui dirigent nos affaires en Orient, de donner un puissant appui aux Pères Jésuites qui y travaillent autant pour la

---

(1) Lettre du 2 août 1884.
(2) « Le Collège des Jésuites y dresse au centre de la cité ses constructions énormes. » (Elisée Reclus, *nouvelle Géographie universelle*, t. IX, p. 780.)

France que pour l'Eglise. On a donc agi activement au ministère et mené une campagne dans le sens catholique, et on en était arrivé, en 1875, à faire fonder à Beyrouth, par le gouvernement de la République et sous la direction des Jésuites, l'université Saint-Joseph avec une école de médecine. Quelques années après, cinq médecins français y furent envoyés par le gouvernement en qualité de professeurs ; et si Gambetta avait vécu, — lui qui avait déclaré que le cléricalisme n'était pas un objet d'exportation, — l'école de Beyrouth aurait obtenu de l'Etat français l'autorisation de conférer des grades (1). Mais M. Blanche n'en désespère pas, « car, dit-il, il est une force des choses qui s'impose aux plus rebelles à l'idée catholique (2) ».

A la fin de l'année 1884, M. Blanche fut nommé membre du jury d'examen des élèves de première année de l'école de médecine de Beyrouth, comme délégué du consulat, c'est-à-dire du gouvernement. Il était chargé de la botanique et se déclare fort satisfait de l'examen (3) ; et il ajoute : « Il faut reconnaître que notre gouvernement a largement patronné cette œuvre de Jésuites. Il a vu que sans les congrégations religieuses et surtout les Jésuites, la France n'avait plus rien à voir dans les affaires d'Orient. C'est Gambetta qui l'a le premier compris, et je vous étonnerais bien si je vous disais avec quelle ardeur il soutenait les œuvres des Jésuites à Beyrouth et partout (4) ».

(1) Le 25 février 1881, Sa Sainteté Léon XIII a bien voulu, pour relever les fortes études en Orient, accorder à l'Université catholique de Saint-Joseph de Beyrouth, le droit de conférer les grades académiques et le doctorat en philosophie et en théologie. (Tiré du *Programme de l'examen du diplôme de bachelier de l'Université Saint-Joseph de Beyrouth*, en 1886).

(2) Lettre du 20 novembre 1883.

(3) Lettre du 2 août 1884.

(4) Dans une lettre à M. l'amiral Giquel des Touches, du 14 novembre 1887, M. Blanche, lui parlant des œuvres religieuses qui furent jusqu'à sa mort l'objet de toute sa sollicitude, lui disait : « Venez donc, mon cher ami, venez à Beyrouth, vous y verrez ce que vous connaissez déjà, en fait d'œuvres accomplies par les cornettes et les robes de bure, mais avec des développements que vous ne connaissez pas. Vous y verrez le gouvernement français, vous le verrez entraîné comme fatalement, par une force qu'il ne peut ni connaître ni juger, à faire pour les œuvres chrétiennes ce que jamais gouvernement n'a fait. Vous verrez cette belle université des Jésuites avec une faculté de médecine très florissante, et à laquelle nos gouvernants portent le plus curieux intérêt ; c'est leur création, ils en font tous les frais, et ne semblent pas près de s'arrêter dans la voie des sacrifices.

(Copie de Lettres diverses, par M. Blanche, *Archives de la Société.*)

Les dernières lettres de M. Blanche sont remplies de questions sur les amis qu'il a connus autrefois à Auxerre. Il me charge de le rappeler à leur souvenir, et semble avoir comme un pressentiment qu'il ne les reverra plus. Depuis le commencement de 1887, il était atteint d'un asthme et d'une bronchite grave qui cependant paraissaient guéris au mois d'août, car il m'écrivait, le 5 septembre, une lettre fort animée où il parlait d'un voyage à faire en France et de l'exécution du port et des entrepôts de Beyrouth, projet dont il s'était tant occupé avec M. de Perthuis et qui était, disait-on, enlevé à la Compagnie de la route de Damas (1). Sa sollicitude se portait même sur les humbles Frères des écoles chrétiennes d'Auxerre, auxquels il déclarait devoir une réparation pour les sottises qu'il leur avait faites étant gamin ; et il était devenu un de leurs bienfaiteurs.

Mais ce n'était qu'un répit. Malgré les soins dévoués des siens, trois mois après la mort avait fait son œuvre : le 11 décembre, Dieu rappela à lui son fidèle serviteur qui, pendant tant d'années, avait travaillé pour la France et pour l'Eglise.

La mort de M. Blanche fut comme un deuil public et ses obsèques ont été l'objet d'une solennité exceptionnelle. Le gouverneur général du Liban, tous les corps constitués, le clergé des différents cultes chrétiens et la colonie française y assistaient. Nous reproduirons à la suite de cette notice une lettre de son ami M. Becharra, ingénieur en chef du vilayet de Syrie, lequel raconte en détail le récit de cette cérémonie et exprime les sentiments de regrets de la population chrétienne (2). Nous terminerons par là la biographie de notre cher défunt, parent et ami.

APPENDICE

I.

Un côté de la physionomie de M. Blanche resterait dans l'ombre si nous n'empruntions quelques traits à sa correspondance avec

---

(1) Après de longues négociations la compagnie vient de charger de cette entreprise trois de nos compatriotes, MM. Thévenin, de Champs, ingénieur, Muzey, grand constructeur-mécanicien à Auxerre, et Loury, ancien agent-voyer à Saint-Fargeau.

(2) A Tripoli on lui fit des services dans toutes les églises où chrétiens de tous les rites et musulmans mêmes assistèrent. Il fut pleuré dans toute la Montagne du Nord par les Maronites, chez lesquels son nom et son souvenir resteront longtemps légendaires.

M. Eugène Ravin, son ami (1). Ce n'est plus le consul et l'homme politique, le penseur ni le voyageur : c'est le Bourguignon aux allures gaies et sans façons qui s'y révèle à ses amis, et c'est surtout le botaniste passionné qui ne perd pas une occasion de parler plantes avec son correspondant.

Son affection d'enfance pour M. Ravin ne se démentit jamais et demeura inaltérable jusqu'à la fin de sa vie. Si leur correspondance est restée interrompue pendant quelques années, surtout depuis la mort de Mme Blanche, elle se renoue en 1865 et ne cessera plus. Mais ce n'est plus seulement le gai compagnon que M. Ravin a connu ; la perte de sa femme a frappé profondément M. Blanche qui annonce à son ami sa conversion religieuse.

Dans la suite, lorsqu'il lui écrira et que l'occasion s'en présentera (2), il lui parlera des choses religieuses avec une élévation et une délicatesse de touche charmantes, et il accompagnera ces réflexions de quelques gais souvenirs d'enfance ; il lui demandera aussi des nouvelles de deux anciens amis de la rue du Pont, Vigreux et Auguste Bénard, dont il parle toujours affectueusement. Quelquefois encore il rappellera leur temps d'étudiants dans la mansarde de la rue Saint-Victor ; et jusqu'à son avant-dernière lettre il parlera de son rêve d'aller revoir le pays ! (21 décembre 1885).

Mais c'est la botanique qui alimente surtout la correspondance des deux amis.

Etant à Paris en 1851, M. Blanche entretient longuement M. Ravin de la publication botanique de MM. Puel et Maille (3) et sur les plantes que M. Ravin leur a envoyées. Rentré en Syrie, à Saïda, M. Blanche annonce à M. Ravin un envoi de paquets de plantes « dont un pour le musée d'Auxerre dont tu as la haute direction. Tu les soigneras j'espère, comme tes enfants. Je connais, du reste, assez ta tendresse pour ces êtres chéris et je n'ai pas besoin de te les recommander (4) ».

En 1865, au milieu de ses autres travaux philosophiques et religieux, M. Blanche écrit à son ami que « depuis quatre mois il

---

(1) Lettres de 1851 à 1886 conservées précieusement par M. Ravin.

(2) Voir surtout la lettre du 3 février 1871, à propos à des malheurs de la France.

(3) Ces Messieurs s'étaient donné pour mission de réunir les flores locales de France. Ils formaient avec les botanistes un traité portant engagement de cotisation, avec obligation de récolter et leur envoyer un certain nombre d'espèces pour avoir droit à la répartition dans celles qu'ils recevraient de leurs correspondants.

(4) Lettre de Saïda, du 20 janvier 1853.

s'est adonné presque exclusivement à une œuvre colossale, au classement et à la détermination de ses récoltes botaniques amoncelées depuis vingt ans. » (1ᵉʳ février 1865). Le 21 mars suivant, il lui annonce qu'il va envoyer à M. Boissier les nouvelles espèces qu'il attend pour les publier dans son premier volume de la *Flore orientale*. Puis, le 18 décembre, en lui accusant réception d'un paquet de plantes de l'Yonne, il écrit à M. Ravin, dans une lettre pleine de verve, pour lui en réclamer d'autres : « J'ai soif des plantes de mon pays, comme de son bon vin et de son ratafia ! » Et dans une autre : « Tes plantes me vont au cœur, même les plus communes ; mon rêve serait d'arriver à avoir la végétation du pays aussi complète que possible. » Son ambition est aussi de collectionner tous les ouvrages de la botanique française, et il charge son correspondant de les réunir (1).

En 1878, la publication de M. Ravin sur les Mousses fait son admiration (2). Mais quant à lui, tous ses projets de se livrer à la cryptogamie s'en vont en fumée avec les années. « Tout ce que je peux faire, c'est de vivre avec mes plantes phanérogames, et encore avec quelle parcimonie je leur consacre quelques bribes de mon temps ! Cette belle science, la science aimable, comme l'appelle le digne et excellent Boissier, m'échappe constamment comme une belle que l'on aime et qui vous fuit. Je puis bien dire que j'ai eu là toute ma vie une passion malheureuse. C'est peut-être un peu ma faute, mais c'est beaucoup aussi la faute des conditions d'existence que j'ai eues dans ce pays-ci. »

Les relations de M. Blanche avec les botanistes d'Europe l'avaient fait hautement apprécier, et il avait au Muséum un coin réservé pour ses espèces syriennes. M. Decaisne était son plus agréable correspondant en matière botanique. (Lettre à M. Ravin du 3 janvier 1881).

Les dernières années de la vie de M. Blanche le voient toujours passionné pour la botanique, et ses lettres à M. Ravin sont remplies de détails scientifiques sur ce sujet. Il signale aussi une plante propre à être introduite dans la culture potagère, le *Gandelia Tournefortis* L., que les Arabes nomment *Accoub* et qui est cultivée dans toute la Syrie et la Palestine. C'est, dit-il, un affreux chardon hérissé d'épines longues et dures. Les Arabes le mangent comme légume et il vaut, à son avis, l'artichaut cuit. On en amène des charges considérables sur les marchés aux mois de mars et

---

(1) Cette collection, formée avec peine, a été achetée pour la bibliothèque des Pères Jésuites de Beyrouth, après la mort de M. Blanche.
(2) *Bull. de la Soc. des Sc. de l'Yonne*, 1876.

d'avril. Cette plante très robuste croît dans les terrains les plus arides. (Lettre du 24 juillet 1882). Il y revient même plusieurs fois.

Sa passion pour les plantes dure toujours, alors même qu'il est devenu directeur de la route de Beyrouth à Damas ; il regrette bien que son ami ne puisse venir le visiter à son foyer : « Et, dit-il, nous nous en donnerions à cœur joie de l'herborisation sur cette route de 115 kilomètres que je vais avoir à parcourir fréquemment dans une voiture *ad hoc*. Beau rêve, n'est-ce pas ? Ce qui n'en est pas un, c'est que je compte bien faire de la botanique jusqu'à extinction, et rien ne change sur ce point à mes vieilles habitudes. » (29 janvier 1884).

En effet, on l'a vu, à la fin de l'année scolaire de 1884, assister en qualité d'examinateur de botanique à la première année des élèves de l'école de médecine de Beyrouth. Ses nouvelles occupations le détournent cependant un peu de ses herborisations, e bientôt la maladie le prive tout à fait du plaisir de parcourir les montagnes et d'accroître ses collections.

II.

A M. Bourée, ministre de France à Athènes, sur les massacres des chrétiens du Liban, l'origine et les causes de ces évènements.

Tripoli, 4 août 1860.

Les évènements grandissent ; nous en sommes déjà à l'occupation armée de la Syrie. Dans quelques jours nos troupes arrivent. Vous savez que je ne suis pas de ceux que ces péripéties de la question d'Orient prennent au dépourvu. Il y a longtemps que, pour la première fois, j'ai observé et signalé les tendances qui ont conduit à la situation actuelle. On persiste de nos côtés à voir dans ce qui se passe des faits considérables sans doute, mais isolés, fortuits ou ne s'enchaînant entre eux qu'à partir du jour où les chrétiens, par leur turbulence, ont provoqué le premier éclat, et par leur lâcheté se sont attirés leurs misères. Il est entendu, dans une partie du monde officiel, que ce sont là les premiers anneaux de la chaîne logique des faits. On ne remonte pas au-delà, et le partage des responsabilités se fait en prenant cette base pour point de départ.

Je n'ai pu être amené jusqu'ici à partager cette manière de voir. La question, à mes yeux, a plus d'étendue qu'on lui en donne. Je suis sur le point de passer à Beyrouth pour un rêveur ou un illuminé. Je ne m'y oppose pas. Toutefois comme j'ai votre suffrage sur des points où je suis déclaré presque hérétique, et que votre autorité vaut pour moi toutes les autres réunies, je reste dans ma manière de voir. Vous m'encouragez trop à vous écrire pour que je ne m'y mette pas avec ardeur et plaisir. Je tiens à vous donner mes idées sur la question en la prenant au point où j'ai commencé à la suivre. Je pourrai me tromper dans mes appréciations ;

vous en jugerez. De vous, mais de vous seul parmi mes amis, j'accepte des verdicts sans appel.

Les affaires n'ont commencé à acquérir pour moi un très vif intérêt que depuis la guerre d'Orient, six à huit mois après la signature du traité de Paris. Vous vous souvenez de ce qu'étaient autrefois en général les relations des agents européens avec les gouverneurs ottomans, de la part d'action qu'ils prenaient dans la conduite des affaires du pays. On se servait beaucoup alors, pour désigner cette action étrangère, du mot *influence*, presque banni maintenant de la langue officielle, à cause de l'usage ridicule qu'on en a fait. M. de Lesparda disait, avec plus de bon sens absolu que de sens spécial et pratique des affaires, que c'était un mot inventé pour colorer les faits et gestes de gens qui aimaient à se mêler de ce qui ne les regarde pas. Et sur ce principe il basait toute sa conduite officielle dans le pays.

Vous savez mieux que personne ce qu'il faut penser à cet égard. J'ai toujours été d'avis que l'action des étrangers dans le gouvernement intérieur de l'Empire est une de ces nécessités logiques qu'il faut inévitablement subir. Qu'on déclame contre les abus, qu'on proclame le principe sage et sensé de M. de Lesparda : il n'y a ni sens ni sagesse qui tiennent, toujours on en doit venir à cette fatale action. Je crains que ceci ne vous semble banal à force de vérité. Mais n'avez-vous pas remarqué combien sont rares, même dans les gens du métier, ceux qui en jugent ainsi ? Pendant la guerre d'Orient, cette influence devint colossale ; on ne se borna plus à peser sur les actes du gouvernement. Il s'effaça presque ; les agents européens se substituèrent à lui et prirent un rang tout à fait inusité dans la considération des gouvernés. L'élément chrétien acquit naturellement une très haute importance qui diminua beaucoup celle des maîtres du pays. Il y eut d'énormes abus, il n'en pouvait être autrement. Les choses restèrent dans cet état anormal jusqu'à la signature de la paix. La Porte était alors entrée dans le concert européen ; elle avait pris rang parmi les nations. Il fut entendu qu'elle devrait se gouverner par elle-même ; l'action des étrangers dans son gouvernement devenait contraire aux traités. Des instructions furent données en conséquence dans tous les recoins de l'Empire. Cette action étrangère avait toujours été jugée par la Porte comme une des plaies les plus humiliantes de son administration, ce qui explique l'ardeur avec laquelle elle travaille à s'en délivrer. Je ne crains pas de trop m'avancer en présumant que les agents nouveaux qu'elle envoya partout à la paix, eurent pour mission exclusive de combattre avec acharnement cette influence maudite, partout où elle existait. A Beyrouth, Kurchid-Pacha fut l'homme chargé de cette mission ; c'est là peut-être que le mal signalé était le plus invétéré, que la tâche était la plus ardue. Le nouveau muchir (1) se mit à l'œuvre avec une audace et une puissance de moyens qui me frappèrent et que je signalais souvent, car j'ai eu la chance d'être une de ses premières victimes et des mieux victimées ; mais je me trouvai seul de mon avis. Le nouvel esprit de

---

(1) Le grade de muchir correspond à celui de maréchal de France.

l'administration passa inaperçu. Kurchid-Pacha sut, jusqu'au dernier moment, se faire passer pour une intelligence au-dessous du médiocre. On est assez disposé à tenir peu de compte d'un bonhomme qu'on croit peu pourvu de moyens. On alla jusqu'à croire à sa loyauté et à sa probité.

L'œuvre s'accomplit avec rapidité. Anéantir l'influence étrangère, détruire le prestige dont l'Européen était entouré surtout pendant la guerre d'Orient, rendre à l'élément musulman l'importance qu'il avait perdue, telles étaient les grandes clauses du programme à remplir. En très peu de temps tout cela fut obtenu. Il ne fut plus question de consuls ni d'Européens ; les chrétiens retombèrent à un niveau où depuis longtemps ils n'étaient plus habitués à se voir. L'appel aux passions religieuses fut un des moyens naturellement indiqués pour produire ces résultats et relever l'Islam. Je me suis encore demandé s'il n'y avait pas là autre chose qu'un moyen. Tenter de sauver l'Empire de la ruine qui le menace en ranimant l'énergie des peuples par l'ardeur religieuse, est une grande et séduisante utopie qui peut très bien avoir été conçue. C'est une pure hypothèse. Quoi qu'il en soit, voici comment je résume mes observations sur cette époque transitoire.

Dès que les troupes étrangères eurent évacué le territoire et que les nouveaux agents de la Porte furent arrivés dans les provinces, une immense réaction, ayant un caractère essentiellement religieux, se manifesta dans tout l'empire.

Djedda fut le fait le plus saillant de cette réaction (1). On put néanmoins la contenir dans des limites qui ne la rendirent pas trop sensible au dehors. La situation devint intolérable, moins cependant pour les agents étrangers qui ne devaient rien voir dans ce qui se passait, que pour les populations chrétiennes auxquelles il ne restait aucun recours contre l'oppression dont elles étaient victimes. Elles payèrent chèrement les années de succès et de liberté relative qu'elles venaient de passer et dont elles avaient peut-être trop imprudemment joui. Partout où les chrétiens vivaient à côté des musulmans, ils furent promptement ramenés à ce degré d'infériorité dont on ne leur pardonnait pas d'être sortis. Ils se turent, tout le monde se tut, et c'est pendant que régnait ce silence que nous lisions dans toutes les publications possibles : « La Turquie recueille les bienfaits que la guerre « lui a valus ; elle élabore avec ardeur les grands projets de réforme qui « doivent lui assigner sa place parmi les nations civilisées.... », et autres déclamations de cette force !

Je passe aux Turcs cette haine de l'étranger, je leur en fais un mérite élevé ; je l'admire tout le premier, si elle est l'effet d'un patriotisme énergique et sincère. Mais ce n'est pas le cas, vous le savez. Jamais la cupidité des gouvernants, le mépris de la chose publique, les dilapidations officielles n'ont été plus scandaleux que durant cette période de réaction.

---

(1) Djedda, ville dans l'Hedjaz sur le golfe persique, est connu surtout par le fanatisme de ses habitants, qui dans une émeute, le 15 juin 1858, massacrèrent les consuls de France et d'Angleterre.

C'est, je crois aussi, l'époque où la Turquie s'est le plus imprudemment jouée de la bonne foi européenne ; mais je m'écarte de mon sujet.

Les chrétiens étaient donc partout réduits au silence. Ils se gardaient de prononcer même le nom de ces étrangers qui naguère encore étaient leurs uniques soutiens. Cependant restaient les chrétiens du Liban. Ceux-là n'avaient pas les mêmes raisons de redouter l'Islam. Ils échappaient à sa vengeance. Ils jouissaient d'une constitution qui les rendait presque indépendants des Turcs. Cela semblait un scandale dans l'Islam régénéré. Il y avait donc là une révolution à opérer. Kurchid, l'homme de la réaction par excellence, celui qui en avait le mieux saisi l'esprit et la portée parmi tous les serviteurs de l'Empire, se mit à l'œuvre à son arrivée en 1857. J'ai pu suivre dans les plus minces détails toutes les démarches dans la montagne de Tripoli pour inspirer aux montagnards une *salutaire horreur de l'étranger*, car toujours c'était le dernier mot de la politique. Vous n'imaginez pas les peines qui furent prises à Tripoli et à Beyrouth pour amener ce résultat.

La discorde n'est que trop facile à souffler dans cette malheureuse Montagne ; elle ne pouvait manquer d'éclater. Des partis déchirent Zahlé qu'il est question de faire passer sous le gouvernement de Damas. Les paysans du Kesrouan font une révolution ; ils donnent la chasse à leurs cheiks Khasen qui s'enfuient au nombre de cinq à six cents et s'en vont chez les Druses chercher du secours. Le Caïmacan chrétien est aussi chassé de sa résidence par ses administrés. Il se réfugie à Beyrouth, et depuis près de deux ans il ne peut plus gouverner la Montagne. Bientôt les Druses, qui ne demandaient que repos, entrent en scène. Vous connaissez les ressorts qu'on fait jouer pour amener les têtes au point d'exaspération voulu.

Les Druses sont unis parce qu'il faut qu'ils le soient. Ils savent que les Turcs sont pour eux et ils vont de confiance. Chez les chrétiens, au contraire, règne une effroyable anarchie. Une rage insensée les anime, ils se déchirent entre eux ; et sans voir la main qui les pousse, ils vont se précipiter aveuglément dans l'abîme qui leur est préparé. Dès le premier choc ils tombent anéantis.

On n'a vu dans tout cela que les actes de folie par lesquels ils préludèrent à leur perte ; on n'a pas vu la volonté puissante et perfide qui, depuis trois ans, préparait leur catastrophe ; on leur laisse toute la responsabilité de ce malheur. Moi aussi je vois leurs folies, mais je n'en déclare pas moins que ce jugement est une souveraine injustice. Leur perte n'était sans doute pas un but spécial indiqué à Constantinople, mais elle était dans les conséquences du grand programme politique de 1857. Un homme comme Kurchid devait l'en déduire logiquement. Il était à Tripoli la veille de son arrestation. Une de ses conversations me fut rapportée ; il y disait : « Restait encore le Kesrouan ; quelques jours de plus et c'était fini. Ce brouillon d'Achmet-Pacha (de Damas) m'a tout gâté. » Et il ajoutait comme développement : « Les Druses dans le Kesrouan, les Métualis au nord, des gouverneurs turcs partout, et il n'y a plus de Montagne, plus même cette ombre de puissance chrétienne dans le cœur de l'Islam. » Je vous donne ces paroles comme authentiques.

Elles n'apprennent rien, l'idée n'est pas neuve, comme vous le savez. Ce qui est neuf, peut-être, c'est l'ardeur et la constance avec lesquelles Kurchid travailla à sa réalisation pendant trois ans.

Réduire les chrétiens de la Montagne à la condition de tous les chrétiens de l'Empire, tel était donc le but proposé. Pour l'atteindre, on jugea qu'il fallait des torrents de sang, une extermination presque totale. L'entreprise fut tentée audacieusement et dans quel temps ? Au moment où l'exaltation religieuse, fruit de la réaction dont j'ai parlé, était portée à son comble.

Le sang versé dans le Liban par le gouvernement lui-même fut comme un signal attendu par l'Islam. L'explosion eut lieu partout, et, sans être prophète, on pouvait la prévoir. Il ne faudra rien moins qu'une invasion étrangère pour arrêter le fléau ; mais en attendant, que de ruines et de misères ! Les grandes catastrophes du Liban et de Damas absorberont l'attention publique et on ne verra pas les désastres de détail que subissent les campagnes. Le mal est partout en Syrie et il est effrayant.

On l'attribue aux fautes, aux imprudences des Chrétiens. N'est-ce pas expliquer par des considérations bien mesquines des calamités de cette étendue ! Pour moi, la conduite des Chrétiens n'est qu'un minime incident dans un grand ordre de faits, et ce qui se passe n'est que l'éclat d'une situation déjà ancienne et devenue impossible.

Je ne puis saisir le fil des événements sans remonter jusqu'à la grande révolution religieuse de 1857. J'ai suivi cette réaction avec un extrême intérêt et je l'ai jugée depuis longtemps comme un fait de la plus haute portée dans l'histoire de la Turquie. Il me paraît clair aujourd'hui que c'était le commencement de la crise qui devait emporter ou ressusciter le *malade* et qui l'emportera, si je puis croire ce que je pressens. Il y en aurait long à dire sur ce chapitre, mais ce sont des régions trop élevées et je crains de m'y perdre.

Je vous mets dans ce pli une lettre arabe de Damas qui m'a paru être ce qu'il y a de plus exact et de plus sensé parmi toutes les relations que j'ai eues. Je voulais vous en faire moi-même une traduction ou corriger celle que j'ai fait faire ; le temps m'a manqué. Je vous l'envoie telle qu'on vient de me la remettre.

I. BLANCHE,
Vice-consul à Tripoli.

III.

M. Blanche au docteur Suquet, à Beyrouth, après la mort de sa femme.

Tripoli, 8 novembre 1861.

Oui, mon bon et digne ami, comptez sur mon affection et pour toujours. Vous avez la mienne depuis longtemps. Elle s'augmentera de celle que vous portait ma pauvre amie. Sa dernière larme a été une larme de joie et c'est vous qui l'avez fait couler. En apprenant que vous veniez lui donner vos soins, un éclair de reconnaissance et d'affection brilla dans ses yeux et ses larmes coulèrent. Sainte et douce amie, ce fut son dernier instant de bonheur.

Elle n'est pas morte, n'est-ce pas, mon cher Suquet? Je la reverrai ; nous reverrons un jour nos bien aimés. C'est vous qui me le dites. Oh! oui, tout ne finit pas après nous, et je plains ceux qui, dans de pareilles épreuves, ne croient pas à une autre vie.

Pour moi, je n'aurais plus ma raison si je n'avais pas cette espérance. Il faut vivre heureux ou malheureux et vivre courageusement. C'est à quoi je m'applique chaque jour et j'y réussirai. N'ai-je pas mon fils, d'ailleurs. C'est toute ma vie dorénavant. Bonheur, plaisirs, pures et douces joies de la vie, tout a passé, tout est détruit. Restent les devoirs ; il faut les remplir.

Quand j'irai à Beyrouth, mon brave ami, j'irai chez vous ; je vous conduirai mon fils ; je vous causerai de l'embarras, mais je connais votre amitié et votre hospitalité me sera douce.

Pour le moment, je n'ai pas le cœur de m'arracher à ma triste solitude. Je redoute les distractions ; j'ai besoin de mon chagrin, je tremble de le voir partir trop tôt.

Je vous envoie une photographie de ma Delphine chérie. Gardez-la en souvenir d'elle et de la tendre affection qu'elle vous portait. Quand nous nous reverrons, nous parlerons d'elle, nous parlerons de nos bien aimés.

Que pouvons-nous faire de mieux dans notre triste existence d'évoquer toujours et toujours leur angélique souvenir.

A vous et pour toujours.

IV.

M. Blanche à M. l'amiral Simon sur l'état du Liban et la prise d'armes de Karam.

Tripoli, 21 janvier 1866.

Monsieur l'Amiral,

Je n'ai reçu que le 12 janvier votre lettre du 10 décembre, qui est venue me causer une de ces bonnes surprises comme j'ai bien rarement l'occasion d'en goûter dans mon petit coin retiré. Combien j'ai été touché, mon excellent et digne amiral, de votre affectueux souvenir! et avec quel plaisir, en vous lisant, ma pensée s'est reportée au temps de ces bonnes causeries où nous nous entendions si bien. Vous me rendez tout heureux en m'apprenant que ce temps va revenir et que nous ne tarderons pas à vous revoir sur notre côte de Syrie. Je crois même que ce temps reviendra plus vite que vous n'y comptez vous-même, car voici de nouveau notre Liban qui s'embrouille assez sérieusement, pour que de loin surtout on puisse croire facilement que nous sommes à la veille de graves événements. Vous aurez reçu déjà de nombreuses informations avant que cette lettre vous arrive, et je ne serais pas étonné qu'elle ne vous trouvât plus en Grèce et qu'elle ne vînt vous rejoindre sur notre côte même. Je ne vous le souhaite pas, toutefois, car les temps sont affreux chez nous et février n'est pas encore venu.

Les nouvelles du Liban sont décidément mauvaises, plus mauvaises qu'elles n'ont encore été depuis 1860. Mais pour moi elles n'ont rien que de très attendu ; nous en sommes à la crise qui devait nécessairement éclater pour mettre fin à l'état anormal et impossible où se trouve le pays depuis cinq ans. Vous avez connu cet état déplorable du Liban maronite. Ce n'était ni l'état de rébellion, ni l'état de soumission. C'était un sentiment universel de répulsion contre Daoud-Pacha et son gouvernement. Il eût pu se présenter partout, même sans grand appareil, et nulle part il n'eût rencontré de résistance effective, mais nulle part aussi il n'eût pu se créer ni une sympathie, ni même une ombre de parti. Il en fit l'épreuve plusieurs fois, et toujours l'épreuve fut désastreuse pour lui sans qu'il ait jamais été en droit de dire qu'il s'était trouvé avec des rebelles ; mais il avait le sentiment de la répulsion qu'il inspirait, et il jugea qu'il n'y avait pas de gouvernement possible en présence de pareilles dispositions. Il ne fit rien pour y établir son autorité : Le Liban du Nord fut complètement abandonné à lui-même, et dans le fait il y avait là une difficulté que ni la force ni la persuasion n'étaient aptes à résoudre. On a fait de cette difficulté un grand thème d'accusation contre le Liban maronite. Ce n'était pas juste ; j'ai toujours protesté contre ces accusations. Quand une antipathie aussi unanime règne dans une population, et que cette antipathie ne se traduit jamais par de la rébellion ouverte, elle ne peut constituer un acte imputable. C'est un sentiment et non un fait dépendant de la volonté ; il eût été plus facile d'en étudier la cause que d'en faire un crime au Liban ; or la cause en était exclusivement dans l'exil de Karam. Cette mesure avait été une injustice et une maladresse. La situation que vous avez connue était la conséquence nécessaire de cette grande faute de la diplomatie. J'avais sous les yeux, en permanence, le mal produit, et je n'ai pas cessé un seul instant de mettre le doigt sur la vraie cause de la plaie. On eût dû laisser rentrer Karam. Les conséquences de son retour, si graves qu'on les suppose, l'eussent été beaucoup moins que celles de l'injustice qu'on laissait indéfiniment peser sur lui. Vous savez ce qui est arrivé. Il est rentré par un coup de tête, aigri par trois années de souffrances dont on ne s'est pas fait une idée suffisante, irrité par l'outrage et l'injure dont on n'avait pas cessé de l'accabler malgré son infortune. Après son retour, j'ai eu un moment l'espoir qu'il saurait maîtriser ses ressentiments et les sacrifier à l'intérêt de son pays ; c'est une victoire qu'il n'a pas su remporter. Il a trouvé tout le pays du Nord dans une désolante anarchie. Il y remit l'ordre et rendit d'incontestables services ; mais il n'avait aucun titre pour en agir ainsi ; il se fit l'arbitre du pays de sa propre volonté, on pourrait même dire contre sa propre volonté, car le pays abandonné et perdu d'anarchie lui eût imposé l'autorité même, s'il n'eût pas été très disposé à la prendre. Aux yeux du public, qui ne juge que sur la superficie, cet exercice irrégulier de l'autorité est le grand crime de Karam. Pour moi, je l'absous de ce crime, mais je lui reproche deux erreurs qui l'ont engagé dans une voie funeste et qui doivent le conduire inévitablement à sa perte. Il n'a pas su éteindre en lui le souvenir des souffrances et des injures passées, et il s'est laissé aveugler par l'étonnant prestige qu'il a eu un moment sur le pays. Les fumées du pouvoir absolu et arbitraire l'ont enivré ; il a pris au sérieux sa position de dictateur au petit pied, et lorsque

Daoud-Pacha s'est décidé enfin à sortir de la singulière position qu'il conserve depuis quatre ans à l'égard du Liban du Nord, il se heurta d'emblée à ce petit roitelet que le ressentiment et l'orgueil égaraient au point de le faire poser en rival du gouverneur légitime.

Daoud-Pacha, qui a passé une grande partie de l'année à Constantinople, en est revenu avec des pouvoirs et des forces imposantes pour établir son autorité. Il se décida à transférer sa résidence à Djouny, dans le Kesrouan même. Il vint s'y établir dans les derniers jours de décembre. Les mauvaises têtes de ce district s'agitèrent dès ce moment. Elles firent quelques manifestations armées et appelèrent Karam à la rescousse pour faire la guerre au nouveau venu. Karam mit aussitôt tout le pays en armes et accourut dans le Kesrouan avec environ deux mille paysans armés. Il brisa le télégraphe sur son passage, arrêta les courriers du gouvernement, en un mot se mit dans un état d'insurrection ouverte et déclarée. Je ne puis pas m'expliquer au juste ce qui a pu lui passer par la tête pour le porter à un pareil parti. Son aveuglement a-t-il été jusqu'à croire que tout le pays le suivrait dans cette révolte et que le succès était assuré, ou bien a-t-il voulu jouer sa tête et sa réputation dans un dernier coup de désespoir? Je penche à le croire.

Ce qui est certain, c'est que depuis un an le pays est quelque peu rassasié de Karam. L'antipathie contre Daoud a diminué rapidement, du moment où la cause avait disparu.

Karam, de son côté, tout en rendant de réels services à son pays laissé dans l'anarchie, n'a pas été sans faire plus d'une sottise en fait d'autorié. Cela, et la fatigue causée par cet état anormal, avait ramené peu à peu les esprits à désirer un régime régulier.

L'obstination de Karam à ne vouloir faire aucune soumission à Daoud-Pacha, maintenant que revenu de l'exil, il pouvait faire cette soumission sans contrainte blessante pour son honneur, avait éloigné de lui beaucoup de ses fervents amis. En un mot, le pays se détachait de lui, et lorsqu'il arriva devant Djouny avec ses deux mille hommes, j'étais bien convaincu que les trois quarts d'entre eux le lâcheraient à la première occasion. Et il put, en effet, dans cette malencontreuse expédition, voir combien son crédit était tombé, car les premiers ennemis qu'il rencontra, ce furent les gens mêmes du Kesrouan, auxquels il croyait apporter secours. Ils lui tombèrent dessus et lui tuèrent trois ou quatre hommes. Il avait si peu compté sur cette attaque descendue de Gazir, qu'il faillit se laisser prendre entre trois feux. Il en fut quitte pour une pitoyable déroute, car il n'essaya même plus de lutter lorsqu'il se vit en pareil pétrin. Ceci s'est passé il y a une dizaine de jours. Maintenant Karam est bien ouvertement en révolte. Il faut que Daoud-Pacha en ait raison, s'il tient à son autorité. Or, pour en avoir raison, ce n'est pas difficile, le pays réprouve Karam et se prononce décidément contre lui. Karam pourra réunir un noyau de têtes brûlées avec lesquelles il livrera tout au plus quelques insignifiants combats. Il ne peut pas tenir et doit nécessairement, avant peu, ou se rendre ou se faire tuer, ou quitter le pays. Tout est dans la dose d'énergie et de résolution que montrera Daoud, et par malheur c'est cela qui me donne quelque inquiétude, car nous savons que le courage et l'énergie ne sont pas ses vertus dominantes. Quant à Karam, je le regarde comme perdu. C'était autrefois une victime qui méritait quelque intérêt, c'est maintenant un coupable qui ne peut plus être absous. J'espère pourtant qu'il aura encore le bénéfice des circonstances atténuantes. Pour moi, tout en condamnant ses égarements, je ne lui retirerai pas les sympathies que je lui ai vouées depuis douze ans et que lui a values l'amour passionné et légendaire qu'il porte à la France, et qui a résisté jusqu'ici, non sans mérite. Que Dieu protège ce malheureux homme et lui ouvre les yeux !

En attendant le plaisir de continuer de vive voix cette conversation, veuillez croire à l'assurance de mes plus affectueux souvenirs.

I. BLANCHE.

V.

M. Blanche à M. l'amiral Simon, sur les affaires du Liban. — Contradictions de ses rapports avec les rapports officiels. — Menacé dans sa position. — Karam à Eden.

Tripoli, 27 avril 1866.

MONSIEUR L'AMIRAL,

J'ai reçu par le dernier courrier votre bonne et longue lettre du 27 mars. Je suis vraiment heureux que les renseignements que je vous ai donnés vous aient satisfait, et en continuant à vous en fournir j'aurai le double plaisir de causer avec vous et de causer d'un pays qui vous est sympathique autant qu'à moi. Combien vous dites vrai en parlant des passions qui obscurcissent d'une façon si déplorable les affaires de ce pays. J'ai vu cela de près et j'ai appris à mes dépens combien il est périlleux d'être au centre d'un foyer avec mission de rapporter ce qui s'y passe, lorsque ce qui s'y passe heurte l'attente des acteurs engagés. J'ai rapporté les faits comme j'ai la conscience qu'ils ont eu lieu. Mes récits, surtout du moment, en ce qui concerne la défaite des Turcs, sont l'expression de la vérité, comme on pourrait s'en assurer aujourd'hui que le moment de fureur est passé. Mais je n'ai pas parlé de la trahison de Karam, je n'ai pas parlé de guet-apens nocturne, d'assassinats, etc. J'ai dit au contraire que rien de semblable n'avait eu lieu, et j'ai failli payer de ma position la contradiction qui existait entre mes récits et les récits officiels jugés nécessaires pour pallier un échec qui n'a été que trop réel. J'ai été accusé d'accointances avec Karam et autres absurdités du même genre, qui ont eu le tort, à mon avis, de trouver un trop facile crédit en hauts lieux. Je crois que le ministère a su à temps que j'avais dit la vérité et que mon devoir était de la dire, si désagréable qu'elle fût. J'ai été un moment menacé de mesures qui devaient forcément amener la perte de ma position; heureusement l'orage est passé, j'espère. Ce que j'ai aussi profondément regretté, c'est que le capitaine de la *Biche* ait été enveloppé dans les mêmes accusations que moi. Il peut ne s'être pas trouvé à Tripoli dans un moment opportun pour la satisfaction de la diplomatie, mais il s'est trouvé au vrai moment pour nous rendre un véritable service. C'est un témoignage que je serai toujours heureux de lui rendre. Quant aux accusations de connivence avec l'insurrection qui ont pesé sur lui comme sur moi, elles sont encore plus absurdes, s'il est possible, à son égard qu'au mien. Il a fallu tout le trouble et la fureur du moment pour qu'elles fussent prises au sérieux comme elles l'ont été.

Ces temps-là sont passés, mais nos affaires sont loin d'être finies. Karam est toujours aux environs d'Eden, à trois ou quatre heures du camp militaire laissé par précaution dans le Jubbé. Il est établi sous la tente, reçoit des visites comme si rien n'était changé. Je crois qu'il a perdu la tête. Il y a longtemps du reste que j'ai de lui cette opinion. Il me semble même que sa conscience est altérée. D'un autre côté, l'empressement avec lequel les troupes ont quitté la montagne, les pourparlers entre Daoud et le Patriarche, et puis l'incurie avec laquelle on laisse de nouveau ce pays livré à lui-même dans l'état de désorganisation où il se trouve, tout cela me déroute. La population maronite, en masse, est soumise, ne demande qu'à payer l'impôt, à être organisée. Au lendemain de la victoire, lorsque la force militaire était partout dans le Liban, on avait la partie belle pour installer une autorité dans le Jubbé. Au lieu de cela on retire les troupes, laissant le pays comme avant, sans même percevoir les impôts ; et je crois qu'on en est aujourd'hui à traiter avec Karam. Comment voulez-vous que celui-ci ne soit pas plus fier que devant, que ses partisans ne relèvent pas la tête et ne s'accroissent pas en nombre? On nous dira ensuite, et on le dit déjà dans les relations officielles : « Ces gens-là sont intraitables, il faut les ruiner pour en finir, etc.. etc. » Franchement, je ne comprends rien ni à ce langage ni à cette logique. Pour peu que la situation se prolonge, il n'y aura pas à s'étonner si la position devient pire qu'avant, et si de nouveaux désastres devaient en résulter, serait-il juste de les imputer seulement aux Maronites ?

Daoud-Pacha, que je crois animé des meilleures intentions, est parti de Tripoli vers le milieu de mars. Je lui ai donné l'assurance qu'il avait aujourd'hui la sympathie des masses et que son succès était infaillible, pourvu qu'il ne laissât pas trop longtemps le pays livré à lui-même, sans même une ombre d'autorité. Voilà déjà six semaines qu'il est parti. Je lui fais dire confidentiellement par des amis communs le danger qu'il y a à abandonner si longtemps un pays désorganisé. Je ne sais ce qui peut le tenir pieds et poings liés. Je sais qu'il est convaincu que nos conseils sont ceux de la raison; il connaît la situation aussi bien que moi, ou du moins il la jugeait très sainement tant qu'il se trouvait à Tripoli, entouré de musulmans et de chrétiens qui connaissent le terrain. Je crains qu'à Beyrouth il ne se trouve dans un milieu dont l'influence est moins saine. J'ai toujours reconnu que la vérité y est rarement bien connue et que les passions y sont plus grandes. Aujourd'hui surtout le vent souffle à la violence. Est-ce là la cause de cet incroyable *statu quo post bellum*? Je n'oserais l'affirmer, mais assurément il y a là un phénomène qui me paraît étrange.

J'espère encore que Daoud-Pacha ne tardera pas enfin à se montrer et à s'établir. Il lui est encore facile de réparer le temps perdu, car à part les têtes brûlées, au nombre d'une cinquantaine au plus, qui ne se battraient au besoin que pour défendre leur chef (et ils se feraient tuer consciencieusement pour lui), la population en masse veut Daoud parce qu'elle veut sortir de l'anarchie. Qu'on profite donc de ces dispositions qui ne se sont jamais montrées si favorables. J'ai garanti à Daoud-Pacha que s'il veut s'occuper activement de cette population du Nord, il y trouvera, au bout de peu de temps, la vraie partie solide et bonne de son gouvernement, parce que cette population est meilleure que celle qu'il a administrée jusqu'ici dans le Sud, mais qu'il se garde bien de la fuir au moment où elle l'appelle à la presqu'unanimité! A Beyrouth, il est établi que cette population est de nouveau insurgée ou à peu près et qu'il faut de nouvelles répressions. Je ne serais pas étonné que ce ne fût là le fond des hautes relations officielles. Ce n'est pas la vérité, et c'est grâce à ces fausses appréciations que nous voyons si fréquemment s'embrouiller les affaires de ce malheureux pays.

N'en est-il pas de même un peu partout? Pour mon compte, sans vouloir justifier en tout et pour tout les Maronites et leur Patriarche, que je tiens personnellement pour un digne et honnête homme, je suis d'avis qu'ils sont souvent plus à plaindre qu'à blâmer.

En voilà encore long, mon cher amiral, sur tous ces sujets; mais je sais qu'ils ne vous ennuient pas, et je laisse volontiers courir ma plume.

Croyez, je vous prie, à mon ancienne et vive affection.

I. BLANCHE.

VI.

M. Blanche à M. l'amiral Simon. — Poursuite de J. Karam. — Sa fuite.

Tripoli, 31 août 1866.

MON CHER AMIRAL,

Vous aurez reçu ma lettre du 21 dernier où je vous annonçais que tout se préparait à un nouveau coup pour surprendre Karam. La chose était déjà faite au moment où je vous écrivais. Deux heures plus tard j'aurais pu vous en donner la nouvelle. Karam, avec ses cinquante hommes au plus, avait été très habilement cerné par environ quatre mille hommes de troupes régulières et plus de deux mille hommes entre zaptiés de l'autorité et contingents requis. Karam, délogé au milieu de la nuit, poursuivi, traqué, cerné à chaque instant par les embuscades qui surgissaient partout, s'est ouvert un passage, tantôt par la force, tantôt par des détours imprévus et audacieux, dans d'impossibles ravins. Cette lutte étrange dura toute la nuit du 20 au 21, une partie de la matinée, où elle eut surtout un caractère d'énergie extraordinaire de la part des fugitifs. Sept ou huit d'entre eux furent pris, dont les deux plus hardis partisans de Karam, l'un commandait l'avant-garde, l'autre l'arrière-garde. Mais lui-même échappa. Avant midi il était déjà hors du cordon avec le reste de ses hommes, tandis qu'on les cherchait encore dans les précipices où ils avaient disparu. On eut de ses traces le jour même et le lendemain, et puis il est rentré sous terre avec tout son monde. Est-il loin, est-il près?

C'est ce dont personne n'a idée. L'autorité le fait chercher en ville (1); elle y perd sa peine. Elle s'en venge sur les villages de la Montagne, qu'elle fait visiter sur le moindre soupçon. Ce qui se passe dans ces perquisitions, mieux vaut ne pas le savoir. Il faut cependant rendre cette justice que ces opérations n'ont pas le caractère repoussant et odieux qu'elles avaient il y a peu de temps ; il y a plus d'esprit militaire. Mais le mal n'en est pas moins grave. C'est un mal qui, je le crains, ne fait pas moins de tort à l'autorité du Liban qu'au pays, du moins dans l'opinion publique ; et si Karam échappe finalement aux poursuites actuelles, je me demande avec inquiétude ce qu'il en adviendra. L'autorité vient de subir un grave échec, il est difficile de se le dissimuler, et nous voici plus que jamais dans l'impasse dont je vous parlais dans ma dernière lettre. Je crois que nous n'y serions pas si dès le principe la barque eût été conduite avec moins d'emportement et plus de connaissance du véritable état des choses. La colère et la haine sont de mauvaises conseillères dans la conduite des affaires publiques, et je crains qu'il n'y ait eu beaucoup de l'une et de l'autre sur bien des points à la fois.

C'est tout entre nous que je vous fais ces réflexions, mon digne amiral. Le passé est irrémédiable, mieux vaudrait n'en rien dire, mais c'est involontairement que j'y fais un retour, en présence d'une situation si déplorable.

La côte est gardée entre Tripoli et Beyrouth avec une vigilance extraordinaire. On tremble de voir Karam se réfugier à votre bord. L'autorité soupçonne qu'il en a le désir, ce qui ne serait pas impossible. Mais, en supposant que cela soit, ce n'est pas en ce moment qu'il tentera l'aventure. L'ombrage de l'autorité à l'égard de nos bâtiments est dans la politique traditionnelle. Quand le *Prométhée* est arrivé à Beyrouth, il y a eu cordon. Quand vous y êtes venu il y a eu nouveau cordon. Mais ce n'est pas du domaine officiel, et je n'en parle qu'à vous pour ne pas donner à ces faits une portée qu'ils n'ont pas.

J'ai moins que jamais l'espoir de vous voir à Tripoli ; croyez, mon digne et excellent amiral, que j'en éprouve un profond regret.

Et recevez l'assurance de mon bien affectueux dévouement.

I. Blanche.

VII.

Lettre de M. Bécharra sur la mort et les funérailles de M. Blanche.

Beyrouth, 20 décembre 1887.

J'ai pour aujourd'hui une poignante nouvelle à vous communiquer. Je veux parler de la perte cruelle que nous venons d'éprouver en la personne du bon et très regretté M. Blanche, consul de France en retraite et directeur de la compagnie ottomane de la route de Beyrouth à Damas.

Sa mort a fait sensation dans le public, et certes je n'use pas d'exagération en vous disant qu'elle laissera un vide difficile à remplir. Vous dire

---

(1) A Tripoli.

combien il était aimé des indigènes c'est incroyable. D'ailleurs, je puis vous certifier que notre cher défunt ne comptait que des amis.

Il était si bienveillant pour tout le monde, et d'une manière particulière pour les Syriens qui ne parlaient de lui qu'avec respect; et la cause en est de ce que, pendant son long séjour de quarante ans en Syrie, il ne s'est jamais permis la moindre incartade sur leur compte. Mais, au contraire, il prenait toujours leur défense et leur était très dévoué, tandis que les autres européens, à peine arrivés dans le pays, prennent plaisir à nous critiquer dans tout ce que nous faisons.

Pauvre M. Blanche! j'ai perdu en lui un puissant protecteur et un ami sincère. Nous étions en très bons termes ensemble et il me considérait comme un des siens. Je regrette donc à plus d'un titre sa mort qui a été celle d'un saint.

J'ai eu la douce consolation d'assister à ses derniers moments, j'ai été édifié de sa résignation et de sa piété. Vous ne sauriez croire avec quelle ferveur il a reçu les derniers sacrements.

Tout cela m'a profondément touché, et m'a laissé pour la vie un pieux souvenir qui ne s'effacera jamais de ma mémoire.

Il est mort dimanche, le 11 du mois, à 10 heures de la nuit, à l'âge de 65 ans. Il était souffrant depuis quelque temps d'un asthme, mais rien ne faisait craindre pour sa vie. Ce n'est qu'aux trois derniers jours que la maladie s'est empirée.

Les funérailles ont eu lieu le second jour avec une grande pompe.

Le consul général de France, tous les consuls des autres puissances, S. E. le gouverneur général du Liban, la colonie française et tous les notables de la ville accompagnaient le convoi. Le clergé de tous les rites était convoqué. Un détachement de soldats et tous les cawas des consulats marchaient en tête. Ils étaient suivis par les garçons de l'orphelinat français en uniforme.

Après eux, un cawas du consulat de France tenait un coussin sur lequel étaient attachées les six décorations du regretté défunt. Il était entre autres chevalier de la Légion d'honneur et commandeur de l'ordre du Medjidié.

Venaient ensuite le corbillard chargé de couronnes; il y en avait plus de trente; et puis immédiatement après, M. Paul Blanche, son fils, accompagné d'un côté par le consul général de France en Syrie et de l'autre par M. Deschamps, député de la colonie française à Beyrouth et président général des conférences de Saint-Vincent de Paul.

Rien n'avait été oublié pour rendre honneur à celui qui a été parmi nous le modèle du bon français et de l'homme accompli.

En un mot, M. Blanche était universellement aimé : bon, pieux, vertueux, il avait toutes les qualités d'une âme faite pour le bien.

BÉCHARRA (1).

---

(1) Bechara-Effendi, né à Beyrouth en 1842, du rite arménien-catholique, officier d'Académie de France et de l'Osmanie, etc., etc., ancien chef de section à la route de Beyrouth à Damas, ex-ingénieur de la route de Trébizonde à Erzéroum, ex-ingénieur

VIII.

Liste des décorations de M. Blanche.

1866, 29 janvier. — Chevalier de la Légion d'honneur « pour vos hono-
« rables services et le dévouement dont vous avez fait preuve pendant
« l'épidémie de choléra qui a sévi à Tripoli. — Drouyn de Lhuys, ministre
« des affaires étrangères. »

1865, 5 juillet. — Décoration du Medjidié (ordre turc).

1887, décembre. — Commandeur du même ordre.

1860, 12 juillet. — Chevalier de l'ordre de Saint-Sauveur (grec) « pour
« assistance prêtée au vice-consulat grec à Tripoli et notamment l'intérêt
« avec lequel vous avez pris la protection des Grecs à la suite de la viola-
« tion de notre établissement consulaire dans cette ville par la population
« musulmane. »

1872, 14 novembre. — Chevalier de l'ordre du Saint-Sépulcre, décerné par Mgr Valerga, patriarche de Jérusalem.

1881, 26 avril. — Chevalier de Saint-Grégoire-le-Grand, ordre conféré par le Saint-Père pour la protection accordée au clergé de Tripoli et le livre de M. Blanche du *Surnaturel*.

1881, 14 juillet. — Officier d'académie par décision ministérielle.

M. Blanche était membre correspondant de la Société des sciences de l'Yonne depuis le 4 mars 1849 ; correspondant de l'Institut égyptien depuis le 22 août 1874, à la suite de l'envoi au Caire de renseignements archéologiques, notamment sur la Fontaine sabbatique et la forteresse de Kalat-el-Hosson.

IX.

BIBLIOGRAPHIE.

Liste des ouvrages ou mémoires composés ou publiés par M. Blanche.

Le Surnaturel, étude de métaphysique religieuse. — Auxerre, 1872. 1 vol. in-8°.

Mémoire sur la géologie du Liban. Bulletin de la Société géologique de France 1847, adressé à M. Virlet.

Lettres sur les massacres des chrétiens à Damas et dans la Syrie proprement dite en 1860, publiées dans le journal *la Constitution* d'Auxerre. (Anonyme) :

Beyrouth, 26 juin 1860. — Journal du 21 juillet 1860.
    — 18 juillet 1860. — Journal du 4 août 1860.

à la direction générale des Ponts-et-chaussées à Constantinople, et depuis 1873, ingénieur en chef du Vilayet de Syrie.

Becharra apprit son métier et sa science avec MM. Thévenin, Château et autres Auxerrois, qui sont venus en Orient construire des routes autrefois. Il a conservé pour eux la plus vive reconnaissance, et parle des bords de l'Yonne d'Auxerre à Champs comme s'il y avait vécu. (Lettre de M. Blanche, du 6 octobre 1879). — Ses relations et son intimité avec M. Blanche dataient de 1873.

Beyrouth, 18 août 1860. — Journal du 6 septembre 1860.
— 20 septembre 1860. — Journal du 6 octobre 1860.
— 1861. — Journal du 6 avril 1861.

L'Univers, journal de Paris. N°s des 24 mars, 11, 14, 15 avril 1873. Articles importants sur la question d'Orient (signés).

Notice sur le cheik Ansarié Ismaïl Kaïr Beck, datée de Tripoli, 15 mars, 1859. (*Revue européenne* de 1860, t. 12, p. 384 et suivantes, 37 p.)

Note sur le Kalaât-el-Hassen (*Bulletin de la Société égyptienne*, juillet 1874).

Mémoires manuscrits.

Études sur la province de Tripoli, 1858.

Les Eaux d'Adonis au Mont-Liban, traduction d'El-Douhaï, historien arabe du xv° au xvi° siècle.

Traduction d'un manuscrit de l'*Histoire de Fakr-ed-Din*.

Traduction de deux livres arabes de Faustus Naironus de Bêne (Liban), professeur de langues syriaque et chaldéenne à Rome.

Dissertation sur l'origine, le nom et la religion des Maronites (publiée à Rome en 1679).

Défense de la foi catholique romaine, tirée des plus anciens écrits des Syriens et Chaldéens (publiés à Rome en 1694).

Extraits et traductions de divers historiens sur les *Antiquités chrétiennes du Liban*.

www.ingramcontent.com/pod-product-compliance
Lightning Source LLC
Chambersburg PA
CBHW070705050426
42451CB00008B/502